Learn french in english

영어로 배우는 **프랑스어**

CHO HANG DEOK
조 항 덕

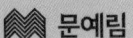

저 자 조항덕

- 서울대학교 불어교육과 학사
- 프랑스 Tours 대학교 석사
- 프랑스 Paris 4대학교 박사
- 한국프랑스어문교육학회장
- 한국프랑스문화학회장
- 한국외국어교육학회장 역임
- 숙명여자대학교 교수

영어로 배우는 **프랑스어**

초판 2쇄 인쇄   2018년 1월 17일
초판 2쇄 발행   2018년 1월 24일

지은이   조항덕(CHO Hang-Deok)
펴낸이   서덕일
펴낸곳   문예림

출판등록   2014.12.24 (제2014-73호)
주소   경기도 파주시 회동길 366 (10881)
전화   (02)499-1281~2   팩스 (02)499-1283
전자우편   info@moonyelim.com
홈페이지   www.moonyelim.com

이 책은 저작권법에 의해 보호를 받는 저작물이므로 무단 복제 · 전재 · 발췌할 수 없습니다.
잘못된 책은 구입하신 곳에서 교환해 드립니다.

ISBN   979-11-954456-4-6 (13920)

머리말

우리는 지금 명실상부한 국제화 시대를 살아가고 있습니다. 국제화 시대에 필요한 외국어로 흔히 영어를 손꼽습니다만 영어 못지않게 중요한 국제 통용어가 프랑스어입니다. 프랑스어는 지구의 거의 모든 대륙에서 사용되고 있으며 프랑스어 사용자들은 2억7천만명에 달합니다. 그리고 프랑스어권 국제기구(L'Organisation Internationale de la Francophonie)에는 2015년 기준으로 54개 회원국과 23개 옵저버 국가들이 가입하여 활동하고 있습니다.

영어는 프랑스어에 비해 매우 단순화된 언어입니다. 다시 말해 프랑스어를 배우게 되면 영어를 학습하기가 매우 수월해집니다. 영어 단어의 상당히 많은 부분이 프랑스어에서 유래하였으며 일부 단어는 철자를 그대로 사용하기 때문에 단순히 발음만 바꾸어주면 영어에서 프랑스어 또는 프랑스어에서 영어로 바꾸어 표현할 수 있습니다.

본 도서는 영어로 프랑스어를 배우는 것을 기본 개념으로 하여 기초부터 중급 정도의 수준에 이르기까지 실용적인 간단한 프랑스어 회화 표현을 중심으로 이에 부수되는 문법사항에 대한 설명을 통해 학습이 이루어지도록 하였습니다. 또한 해당 영어 표현을 제시하여 프랑스어와 영어 표현의 차이점 및 유사점을 비교해 볼 수 있도록 구성되었습니다. 따라서 본 도서를 통해 학습자들은 프랑스어와 영어를 동시에 배울 수 있습니다. 학습의 수월성을 위해 뒷부분에 각 단원의 중요 문법 사항에 대한 설명과 해설을 첨부하여 놓았기 때문에 학습 내용을 파악하는데 어려움은 없을 것입니다.

본 도서가 여러분의 프랑스어 뿐만 아니라 영어 학습에노 크게 도움이 되기를 기대합니다.

2015년 1월
저자 조 항 덕

- 머리말 3
- 프랑스어 발음 7

Table des matières

L'alphabet français
La prononciation
Les mots apparentés

Unité I 13

Leçon 1.   Ça va?
Leçon 2.   Qu'est-ce que c'est?
Leçon 3.   Je suis coréenne.
Leçon 4.   Voilà un garçon.
Leçon 5.   Je suis étudiante.
Leçon 6.   Je suis de Séoul.
Leçon 7.   J'ai 19 ans.

Unité II 33

Leçon 8.   C'est le portable de Mina.
Leçon 9.   Cette cravate est à qui?
Leçon 10. Qui est-ce?
Leçon 11. Est-ce que c'est à vous?
Leçon 12. Est-ce que tu aimes le foot?
Leçon 13. Je mange de la salade.
Leçon 14. J'habite à Séoul.

Unité III 53

Leçon 15. Je choisis le menu.
Leçon 16. Aujourd'hui, c'est le 27 avril.
Leçon 17. Quelle est votre profession?
Leçon 18. Elle est belle.
Leçon 19. Allez tout droit.
Leçon 20. Je viens avec toi.

Unité IV · · · · · 77

Leçon 21.   Je voudrais aller à la tour Eiffel.
Leçon 22.   Tu pars quand?
Leçon 23.   Nous allons de Nice à Cannes.
Leçon 24.   Combien de temps met-on pour y aller?
Leçon 25.   Tournez à gauche.
Leçon 26.   Moi, je veux un gâteau au miel.

Unité V · · · · · 103

Leçon 27.   Je lis le journal.
Leçon 28.   Je n'aime plus le foot.
Leçon 29.   Je ne vois rien.
Leçon 30.   Il fait beau.
Leçon 31.   Je me couche tard.
Leçon 32.   Je crois qu'elle va arriver à l'heure.

Unité VI · · · · · 125

Leçon 33.   Je vais lui dire bonjour.
Leçon 34.   J'en suis content.
Leçon 35.   Oui, je le crois.
Leçon 36.   Je te le rends.
Leçon 37.   J'ai envoyé la lettre.
Leçon 38.   C'est quand?
Leçon 39.   Elle est sortie.
Leçon 40.   C'était magnifique.

Unité VII · · · · · 155

Leçon 41.   J'apprendrai plusieurs langues étrangères.
Leçon 42.   Comme il fait beau!
Leçon 43.   C'est celui de droite.
Leçon 44.   C'est la mienne.
Leçon 45.   Il marche très lentement.
Leçon 46.   Lequel de ces vélos est à toi?

Unité VIII 173

Leçon 47.   Qui est arrivé le premier?
Leçon 48.   C'est moi qui ai fait cela.
Leçon 49.   C'est elle que tout le monde admire.
Leçon 50.   Je téléphone à mon ami en regardant la télé.
Leçon 51.   Sylvie lui avait prêté un livre.
Leçon 52.   Si tu gagnais au loto, que ferais-tu?
Leçon 53.   La Tour Eiffel a été construite par Gustave Eiffel.
Leçon 54.   Je prie que Dieu te bénisse.

• 해설 및 문제 답안 197
- Unité I
- Unité II
- Unité III
- Unité IV
- Unité V
- Unité VI
- Unité VII
- Unité VIII

- 주요 불규칙동사 변화표
- 1군동사 변칙형

프랑스어 발음

L'alphabet français French alphabet

a	[a]	b	[be]	c	[se]	d	[de]
e	[ə]	f	[ɛf]	g	[ʒe]	h	[aʃ]
i	[i]	g	[ʒi]	k	[ka]	l	[ɛl]
m	[ɛm]	n	[ɛn]	o	[o]	p	[pe]
q	[ky]	r	[ɛʀ]	s	[ɛs]	t	[te]
u	[y]	v	[ve]	w	[doublə ve]	x	[iks]
y	[igrɛk]	z	[zɛd]				

Les accents Accents

é	accent aigu	été, café, étranger, beauté
à è ù	accent grave	là, très, où
â ê î ô û	accent circonflexe	âge, être, île, hôtel, août
ë ï ü	tréma	Noël, aiguë, maïs, Saül
ç	cédille	ça, garçon, leçon, reçu
-	trait d'union	arc-en-ciel, rendez-vous
'	apostrophe	l'été, l'homme, l'amitié

 Entraînement

A. Spell the names provided.

1) Sophie Girard
2) Jean-Jacques Rousseau
3) Saint-Exupéry
4) Bernard Werber
5) Gustave Eiffel
6) Yves Montand
7) Charles de Gaulle
8) François Mitterrand

B. Spell your name in french.

ex. Minji Kim → M-I-N-J-I-K-I-M

La prononciation Pronunciation

• **Voyelles** Vowels

[a] ma, papa, Canada
[oe] oeuf, peur, soeur
[ø] oeufs, Europe, deux
[y] usine, tu, sur
[o] eau, beau, tôt
[u] ou, mou, pour

[ɛ] je m'appelle, bière
[e] bébé, aller, billet
[i] ici, ville, lundi
[ɑ] âge, base, pas
[ɔ] or, mort, poche
[ə] ce, le, monsieur

Voyelles nasales Nasal vowels

- When these vowels are pronounced, the air passes also by the nasal cavity.

[ɑ̃] ambition, chance, exemple, dent
[ɔ̃] on, non, nom, combat, compte
[ɛ̃] vin, simple, train, plein, symphonie, syntaxe
[œ̃] un, lundi, brun, parfum

Semi-voyelles Semi-vowels

[j] yaourt, piano, papillon
[w] oui, roi, oiseau,

[ɥ] lui, cuisine, huile

Consonnes Consonants

[b] beau, arbre
[d] des, madame
[g] gare, longue
[f] face, philosophe
[s] sur, fils, avancer
[ʃ] chanson, vache
[l] lait, lune, ville
[m] menu, maman
[ɲ] montagne, campagne

[p] papa, peau, absent
[t] tôt, toute, net
[k] cahier, comme, logique
[v] vin, verre, cave
[z] zéro, zoo, gaz
[ʒ] jeu, jour, garage
[R] rose, mardi, terre
[n] non, année, coréenne

Attention! Attention!

- In many cases, the last consonant is not pronounced in french.

> **ex.** nez, pont, tout, donner, deux, oeufs, gentil
> Exception: neuf, oeuf, sel, mer, fils, net

La liaison Liaison

The last consonant of a word is pronounced with the vowel of the following word.

> **ex.** C'est un roman.   It's a novel.
> Elle est aimable.   She is pretty.
> Ils sont aux États-Unis.   They are in the U.S.A.

L'élision Elision

In case where the last syllable of a word is a mute 'e' or a 'non-aspirate h' and the next word begins with a vowel, a contraction is realized between these two words.

> Ce est ... → C'est ...   It is ...
> le homme → l'homme   the man(human)
> Je aime ... → J'aime ...   I like (love) ...
> Je te aime. → Je t'aime.   I love you.

The contraction is made also between the vowel 'a' and the next word which begins with a vowel.

> la école → l'école   school
> la université → l'université   university
> Je la aime. → Je l'aime.   I love her.

The contraction is made in order to avoid the collision of two vowels, called a phenomenon of hiatus. One can see the contraction in english also, but the formation is different:

> It is ... → It's ...
> I am ... → I'm ...
> You are ... → You're ...
> I do not ... → I don't ...
> He does not ... → He doesn't

Les mots apprentés Cognates

1. There are many english words which are derived from french. They have similar meanings with similar spells. The pronunciation often differs in these two languages. Look at some examples:

français	anglais	français	anglais
amusant	amusing	centre	center
intéressant	interesting	ordre	order
sérieux	serious	odeur	odor
sérieusement	seriously	cité	city
rapidement	rapidly	beauté	beauty
classique	classic	liberté	liberty
logique	logic	démocratie	democracy
methématiques	mathematics	état	state
matérialiste	materialistic	étage	stage
journalisme	journalism	étrange	strange

2. All the words that end by '-tion' in english are derived from french. Only the pronunciation is different. In some case, there is a little modification of spell.

1) introduction   2) communication   3) prononciation
4) présentation   5) conclusion   6) compréhension

 Entraînement

- Find the english words which correspond to the expressions provided.

1) université   2) logique   3) courageux
4) passion   5) étude   6) hôpital
7) température   8) théâtre   9) danser
10) visiter   11) idéaliste   12) tendance
13) famille   14) architecture   15) nord
16) ouest

Les salutations Greetings

Bonjour, Madame!	Good morning, Mrs!
Bonjour, Mademoiselle Kim!	Good morning, Miss Kim!
Bonjour, Monsieur!	Good morning, Sir!
Bonjour, Jean!	Good morning, Jean!
Salut, Paul!	Hi, Paul!
Salut, Minji!	Hi, Minji!
Salut, Sophie. Ça va?	Hi, Sophie. How are you?
Oui, ça va bien.	Yes, I'm going fine.
Et toi, ça va?	And you, how are you?
Oui, moi aussi. Ça va très bien.	So am I. I'm going very well.
Comment allez-vous?	How are you going?
Comment vas-tu?	How are you going?

  Comment allez-vous? → formal expression
  Comment vas-tu? → between intimate persons or friends

La présentation Presentation

Je m'appelle Philippe Auguste.	My name is Philippe Auguste.
Et vous, comment vous appelez-vous?	And you, what is your name?
Je m'appelle Sophie Girard.	My name is Sophie Girard.
Oh, excusez-moi, Madame.	Oh, excuse me, Madame.
Ça ne fait rien.	It's nothing.
Merci beaucoup, Monsieur.	Thanks a lot, Mr.
Je vous en prie.	You are welcome.
Au revoir!	Good bye!
A bientôt.	See you soon.

Unité I

Table des matières

Leçon 1.   Ça va?
Leçon 2.   Qu'est-ce que c'est?
Leçon 3.   Je suis coréenne.
Leçon 4.   Voilà un garçon.
Leçon 5.   Je suis étudiante.
Leçon 6.   Je suis de Séoul.
Leçon 7.   J'ai 19 ans.

Leçon 1. Ça va?

Jules :	Salut, Sophie. Ça va?
Sophie :	Oui, ça va. Et toi, Jules, tu vas bien?
Jules :	Oui, je vais très bien. Et elle ...
Sophie :	Elle s'appelle Minji. Elle est coréenne.
Jules :	Salut, Minji. Je m'appelle Jules Dupuis.
Minji :	Enchantée, Jules. Je m'appelle Minji Kim.
Jules :	Au revoir, Minji!

Les présentations Presentations

Je m'appelle ...	My name is ...
	(Literally, it means I call myself ...)
Elle s'appelle ...	Her name is ... (She calls herself ...)
Enchanté.	Glad.
Je suis enchanté de vous voir.	I am glad to meet you.

For this sentence, you can simply utter ⟨Enchanté de vous voir⟩.

Je suis enchantée. → Enchantée.

Enchantée. → This form means that the subject is female.

The feminity is represented by the presence of ⟨e⟩ attached to the adjective ⟨enchanté⟩.

Les pronoms Pronouns

Je	I	Nous	We
Tu	You	Vous	You
Il/Elle	He/She/It	Ils/Elles	They

1. Note that all nouns have a gender in french, masculine or feminine. The pronoun '**Il**' refers to a masculine gender, male person as well as a thing of masculine gender. '**Elle**' refers to a feminine gender, female person as well as a thing of feminine gender.

Jean, il est étduiant. Jean, he is a student.
  (il = Jean)

Voilà un portable. Il est à moi. There is a mobile phone. It is mine.
  (il = portable)   portable = téléphone portable

Jeanne est française. Elle est gentille. Jeanne is french. She is kind.
  (elle = Jeanne)

Voilà une montre. Elle est magnifique. Here is a watch. It is smart.
  (elle = montre)

2. The pronoun '**ils**' corresponds to a masculine plural noun, but it can refer to a group which includes at least one masculine noun.

Jean et Paul, ils sont en Italie.   (ils = Jean + Paul)
  Jean and Paul, they are in Italy.

Jean et Jeanne, ils sont en couple.   (ils = Jean + Jeanne)
  Jean and Jeanne, they are a couple.

Les salutations Salutations

- **In a moment of meeting, you can use one of the expressions:**

Salut!	Hi!
Bonjour!	Good morning!
Bonsoir!	Good evening!
Ça va?	How are you?
Comment vas-tu?	How are you going?
Tu vas bien?	How are you?/You are going well?
Comment allez-vous?	How are you going?
Vous allez bien?	How are you?/You are going well?

- **To these expressions, you can answer by uttering one of the expressions:**

- Oui, ça va. / ça va bien.   Yes, it's fine.
- Oui, je vais bien.   Yes, I am going well.

- Oui, je vais très bien.	Yes, I am going very well.
- Non, ça ne va pas.	No, it's not fine.
- Non, je ne vais pas bien.	No, I am not going well. (I am going bad.)
- Non, ça va mal.	No, it's bad.
- Non, ça va très mal.	No, it's very bad.

- **In a moment of separation, you utter one of the expressions:**

Au revoir!	Good Bye.
À tout à l'heure!	See you soon.
À bientôt!	See you later.
À demain.	See you tomorrow.
À la semaine prochaine.	See you next week.
À un de ces jours!	See you again.
Bonsoir!	Good evening. (See you again.)

 Entraînement

A. Complete the dialogue.

1) - Hi, Minji. Ça va?
   - Oui, _____

2) Comment vas-tu Misook?

   - _____

3) Comment allez-vous?

   - _____

B. Exchange the greetings with your classmate in french.

C. Present yourself to your partner and ask his(her) name.

Une page de culture

프랑스의 인사 예절

Tutoyer

1) 가까운 친구, 직장 동료, 친근한 사람 사이에 사용한다.
2) 가족 간에 사용한다.
3) 어른이 아이에게 사용한다.
4) 젊은이들 사이에 사용한다.
5) Tutoyer하는 사이에는 이름을 부른다.

Vouvoyer

1) 잘 모르는 사람에게 사용한다.
2) 처음 만나는 사람에게 사용한다.
3) 공식적인 행사에서 사용한다.
4) Vouvoyer하는 사이에는 Monsieur, Madame, Mademoiselle을 붙여서 성을 부른다.
5) Vouvoyer하는 사이에서도 격의 없는 자리에서는 이름을 부르기도 한다.

인사 표현

1) 가장 흔한 표현이 Bonjour!이며, 아침부터 오후까지 사용한다.
2) Bonsoir!는 저녁 늦은 시각, 또는 헤어질 때 사용한다.
3) Ciao!라는 표현은 이탈리아어에서 왔는데 친구 사이의 사람들이 만났을 때 또는 헤어질 때 모두 사용할 수 있다.
4) à tout à l'heure!는 잠시 후에 다시 만나자!라는 의미로 동일 날짜에 가까운 시간 간격을 두고 다시 만나기로 되어 있는 경우에 사용한다.
5) à bientôt!는 정해지지는 않았지만 일정 시간이 지난 후에 다시 만날 기회가 있는 경우에 사용한다.
6) à Dieu!는 다시 만나지 못할 사람에게 사용한다.

Bise

1) 입술로 상대방의 뺨, 이마, 또는 입술에 대는 신체 접촉으로 하는 인사이다.
2) 상대방의 뺨에 입술을 대는 인사가 유럽에서 널리 통용되고 있다.
3) 프랑스에서는 보통 오른뺨에 이어서 왼뺨에 입술을 대는 2번의 접촉으로 인사한다.
4) 입술로 이마에 대는 인사는 상대방을 보호해주겠다는 의미가 있다.
5) 입술로 상대방의 입술에 대는 인사는 애정 관계의 사람 사이에서 이루어진다.

Leçon 2. Qu'est-ce que c'est?

Professeur :	Bonjour, Sophie.
	Qu'est-ce que c'est?
Sophie :	Bonjour, Professeur.
	C'est un crayon.
Professeur :	Et ça, qu'est-ce que c'est?
Sophie :	C'est une gomme.
Professeur :	Et ça, qu'est-ce que c'est?
Sophie :	Ce sont des stylos.

Les articles indéfinis Indefinite articles

m.s.	f.s.	m./f. pl.
un	une	des

* m.=masculine, f.= feminine, s.= singular, pl.= plural

C'est un stylo.	It's a pen.
C'est une chaise.	It's a chair.
Ce sont des stylos.	They are pens.
Ce sont des chaises.	They are chairs.

• **Uses**

One uses UN for the masculine noun and UNE for the feminine noun. DES is used before the noun in plural form for the masculine as well as for the feminine gender.

Attention!

- **The article must be in accordance with the noun in gender as well as in number.**

un garçon	a boy	des garçons	boys
une fille	a girl	des filles	girls

- **The plural form can be made by adding 's' to the word in singular form.**

un livre → des livres	un homme → des hommes
une chaise → des chaises	une voitures → des voitures

1. Qu'est-ce que c'est? What is it?

This is used to make a question about an object(thing) in singular as well as in plural. The exact meaning is determined by the situation.

Qu'est-ce que c'est?	What is it?
- C'est un portable.	- It's a mobile phone.
Qu'est-ce que c'est?	What are they(those, these)?
- Ce sont des tableaux.	- They(These, Those) are pictures.

2. C'est ... This(That, It) is ...
 Ce sont ... They(These, Those) are ...

C'est un livre.	This(That, It) is a book.
C'est un garçon.	This(That) is a boy.
Ce sont des fleurs.	They(These, Those) are flowers.

* CE remains unchanged, the plurality of the noun being represented by the verb. This CE is called ⟨a neutral pronoun⟩.

Exercice

A. Fill in the blank with an appropriate indefinite article.

1) (   ) cahier   2) (   ) montre
3) (   ) tables   4) (   ) chaise
5) (   ) train   6) (   ) avions
7) (   ) fleur   8) (   ) téléphone
9) (   ) télévision 10) (   ) couteaux

B. Make a complete sentence.

1) _____ un livre.
2) _____ une cravate.
3) _____ des portables.
4) _____ des oiseaux.

Le genre des noms Gender of nouns

It is recommended to learn the gender with the noun, because the gender of the noun is not always predictable. For example, it will be better for you to learn UN CAHIER rather than to learn just CAHIER separately from the article.

But there are some guidelines by which you can determine the gender of nouns in french.

1. The nouns which refer to males are generally masculine, and those which refer to females are feminine.

un homme	a man	une femme	a woman
un garçon	a boy	une jeune fille	a (young) girl
un fils	a son	une fille	a daughter
un coq	a cock	une poule	a hen

2. Sometimes the ending of the noun is a clue by which you can detect a gender.

Masculine

-age	un garage, un mariage, un passage (*une image, une page)
-eau	un bureau, un couteau, un oiseau
-isme	un prisme, un socialisme, un séisme
-ment	un gouvernement, un monument, un vêtement
-phone	un téléphone, un interphone
-teur	un aspirateur, un ordinateur

Feminine

-ence	une différence, une violence, une conférence
-ance	une alliance, une ambulance, une distance
-ette	une bicyclette, une disquette, une cuisinette
-ie	une librairie, une démocratie, une sympathie
-ière	une bière, une lumière, une rivière, une théière
-sion	une passion, une succession, une télévision
-té	une liberté, une santé, une université
-tion	une action, une motivation, une nation
-ure	une culture, une littérature, une voiture

3. The nouns borrowed from other languages are in general masculine.

un coca-cola, un sandwich, un couscous, un parking, un jogging

4. The name of languages is masculine and it is not capitalized.

Elle parle un français parfait. She speaks french perfectly.
Au Canada, on parle l'anglais et le français. In Canada, they speak english and french.

5. The name of the countries:

- If the name ends by 'e', it belongs to a feminine.
  la France, la Corée, la Chine, la Mongolie
- Otherwise, it belongs to a masculine in general.
  le Canada, le Chili, le Congo, le Brésil, le Japon, le Vietnam

6. The names of days, months, seasons, 4 directions, metals, trees are masculine.

le lundi, le janvier, le sud, le printemps, le fer, le sapin

Review

A. Can you detect the gender of the nouns below?

1) (　　) assistance   2) (　　) gouvernement
3) (　　) parking   4) (　　) ascension
5) (　　) légèreté   6) (　　) mesure
7) (　　) sandwich   8) (　　) idéalisme
9) (　　) château   10) (　　) bibliothèque
11) (　　) Amérique   12) (　　) Asie
13) (　　) Iran   14) (　　) image
15) (　　) Inde   16) (　　) Kuweit
17) (　　) Sénégal   18) (　　) montage
19) (　　) cuillère   20) (　　) diamand

Leçon 3. Je suis coréenne.

Simon : Salut! Je m'appelle Simon. Tu es japonaise?
Mina : Non, je suis coréenne. Je m'appelle Mina Lee.
Simon : Ah, tu es de Séoul?
Mina : Oui, je suis de Séoul.
Simon : Qu'est-ce que tu fais?
Mina : Je suis étudiante. Et toi, qu'est-ce que tu fais?
Simon : Je suis étudiant, moi aussi.

Le nom féminin Feminine noun

français (m.) → française (f.)

- **How to make the feminine form of nouns?**

  1. If the noun ends by ⟨e⟩, the same form is used for the feminine. You have only to specify the gender by an article.

un élève	→ une élève	student
un artiste	→ une artiste	artist

  2. In general, one can make the feminine form by attaching ⟨e⟩ to the masculine.

un étudiant	→ une étudiante	student
un cousin	→ une cousine	cousin
un marchand	→ une marchande	merchant

- **But there can be a little modification of endings:**

un chien	→ une chienne	dog
un chat	→ une chatte	cat
un étranger	→ une étrangère	foreigner
un chanteur	→ une chanteuse	singer
un acteur	→ une actrice	actor-actress
un copain	→ une copine	friend
un compagnon	→ une compagne	colleague
un serviteur	→ une servante	servant

3. For some nouns, the feminine form is completely different from the masculine.

un garçon	→ une fille	boy-girl
un monsieur	→ une dame	mister-mrs
un oncle	→ une tante	uncle-aunt
un héros	→ une héroïne	hero-heroine
un roi	→ une reine	king-queen
un prince	→ une princesse	prince-princess
un maître	→ une maîtresse	master-mistress

4. There are some words which exist only in the masculine gender. In this case, one adds a specific term to distinguish the gender.

un chauffeur	une femme chauffeur	driver
un professeur	une dame professeur	teacher
un auteur	une femme auteur	author
un écrivain	une femme écrivain	writer

- For the french speaking people in Canada, there exist the words ⟨une professeure, une écrivaine⟩ as for the feminine gender.

Exercice

A. Write the feminine form of the given word.

1) un savant -   2) un copain -
3) un architecte -   4) un infirmier -
5) un marchand -   6) un directeur -
7) un parisien -   8) un chinois -
9) un instituteur -   10) un chat -
11) un hôte -   12) un dieu -
13) un boulanger -   14) un champion -
15) un paysan -   16) un coiffeur -
17) un vendeur -   18) un menteur -
19) un auditeur -   20) un traducteur -
21) un prince -   22) un maître -
23) un homme -   24) un fils -
25) un oncle -   26) un roi -

Leçon 4. Voilà un garçon

> Voilà un garçon.
> C'est Philippe.
> Il est français.
> Il est journaliste.
>
> Voici des garçons.
> Ce sont des français.
> Ils sont touristes.

Voilà / Voici + noun	There is/are ...

Voilà un livre.   There is a book.
Voici un cahier.   Here is a notebook.
Voilà des garçons.   There are boys.
Voici des chiens.   Here are dogs.

One can use a singular as well as a plural noun with 'voilà/voici'. They are called 'les présentatifs' and are used to introduce something or someone. Because of this role of presentation, neither the negative nor the interrogative expression is permitted. You must pay attention to the absence of the verb in the expressions.

Allons plus loin!

Il y a + noun	There exist ...

Il y a un livre sur la table.   There is a book on the table.
Il y a des livres sur la table.   There are books on the table.
Il y a un match de foot.   There is a football game.

Le singulier et le pluriel Singular and plural

One can make the plural noun by adding 's' to the singular. In this case, the article must be also put in a plural form.

un coréen → des coréens   un cahier → des cahiers
une française → des françaises   une cravate → des cravates

Attention!

1. If the word ends by 's', 'x' or 'z', one uses the same form for the plural.

un cours → des cours	a course
une croix → des croix	a cross
un nez → des nez	a nose

2. -eau, -eu, -ieu → -eaux, -eux, -ieux,

un gâteau → des gâteaux	a biscuit
un oiseau → des oiseaux	a bird
un jeu → des jeux	a game
un lieu → des lieux	a place
* Exception: un pneu → des pneus	a tire
un bleu → des bleus	a novice

3. -al, -ail, -au → -aux

un animal → des animaux	an animal
un cheval → des chevaux	a horse
un travail → des travaux	a work
un tuyau → des tuyaux	a tube

*Exception: un festival → des festivals, un carnaval → des carnavals

4. -ou → -oux

un bijou → des bijoux	a jewel
un chou → des choux	a cabbage

5. There exist some words whose plural form is very different from the singular.

un oeil → des yeux	one eye → eyes
un bétail → des bestiaux	a livestock
Monsieur → Messieurs	mister
Madame → Mesdames	Mrs → Mmes
Mademoiselle → Mesdemoiselles	Miss

6. There can be a modification of sound between the singular and the plural.

un oeuf → des oeufs	an egg
un boeuf → des boeufs	an ox

Exercice

A. Write the opposite gender of the words provided.

1) Voilà une musicienne. -
2) Voici une romancière. -
3) Voilà une chanteuse. -
4) Voici une directrice. -
5) Voilà une journaliste. -
6) Voici un professeur. -
7) Voilà un serviteur. -
8) Voici une héroïne. -
9) Voilà une compagne. -
10) Voici une maîtresse. -

B. Write the plural form of the words provided.

1) Voici un journal. -
2) Voilà un festival. -
3) Voici un gaz. -
4) Voilà un gâteau. -
5) Voici un choix. -
6) Voici un travail. -
7) Voilà un roi. -
8) Voilà un feu. -
9) Voici un cheveu. -
10) Voilà une fille. -
11) Il y a une héroïne. -
12) Il y a un chou. -
13) Il y a un chapeau. -
14) Il y a un hôpital -
15) Il y a un fils. -
16) Il y a un oeil. -
17) Il y a une souris. -
18) Il y a un monsieur. -
19) Il y a un bateau. -
20) Il y a une maîtresse. -

Continuez! Continuez! Vous arriverez au but!

Leçon 5. Je suis étudiante

A : Qu'est-ce que tu fais?
B : Je suis étudiante.
  Et qu'est-ce que tu fais?
A : Je suis étudiant, moi aussi.

Information utile!

To ask the occupation of a person, one uses the expression:

Qu'est-ce que tu fais?	What do you do?
Qu'est-ce que vous faites?	What do you do?

To this question, on can answer by saying:

Je suis étudiant(e).	I am a student.
Je suis journaliste.	I am a journalist.
Je suis avocat.	I am a lawyer.
Je suis informaticien.	I am a technician of information.

Difference between the french and the english:

Je suis étudiante.	I am a student.
Il est professeur.	He is a teacher.
Ils sont étudiants.	They are students.

There is no article before a noun which is used as a complement in french, but an article is used before the complement in english.

Je suis étudiant, moi aussi.	I am a student too.
moi aussi = me too, also	

 Entraînement

A. Ask your classmate about his(her) occupation.

B. Present your occupation to your partner.

C. Make a small dialogue with your partner about the occupations.

Leçon 6. Je suis de Séoul.

A : Tu es d'où?
B : Je suis de Séoul.
   Je suis coréen.
A : Ah, tu es de Séoul.
   Mais Mina, elle est aussi de Séoul?
B : Non, elle est de Busan.
   Elle est aussi coréenne.

La conjugaison du verbe ÊTRE

Je	suis	Nous	sommes
Tu	es	Vous	êtes
Il/Elle	est	Ils/Elles	sont

This verb corresponds to BE in english.

Je suis coréenne.	I am a korean.
Tu es chinoise?	You are a chinese?
Il est étudiant.	He is a student.
Elle est aussi étudiante.	She is a student too.
Nous sommes coréens.	We are koreans.
Vous êtes français?	You are a french?
Ils sont touristes.	They are tourists.
Elles sont journalistes.	They are journalists.

Uses

1. To express the origin or the nationality, one uses the expression:

Je suis de Corée.	I am from Korea.
Je suis coréen.	I am a korean.

Compare:
   Elle est de Paris. → Elle est parisienne.
   Il est de Lyon. → Il est lyonnais.
   Il est de Séoul. → Il est séoulien/séoulite.
   Elle est de Daejeon. → Elle est daejeonaise.

Attention!
- Il est japonais. ← Il est du Japon.   He is a japanese.
- Elle est canadienne. ← Elle est du Canada.   She is a canadian.

2. To express the location.

Il est à Paris.   He is in Paris.
Nous sommes à Séoul.   We are in Seoul.

 Exercice

A. Conjugate the verb ÊTRE.

1) Elle (   ) américaine.
2) Vous (   ) étudiants.
3) Jean et Sophie (   ) français.
4) Nous (   ) de Corée.
5) Eric, tu (   ) du Canada?
6) Moi, je (   ) étudiante.

B. Answer the question: 〈Qu'est-ce que c'est?〉

1) (tableau noir)
2) (stylos)
3) (cravate)
4) (cahiers)

C. Answer the question: 〈Tu es d'où?〉

ex. (coréen) - Je suis de Corée.

1) (chinois)
2) (japonais)
3) (canadienne)
4) (américain)

D. Answer the question: 〈Qu'est-ce que tu fais?〉

1) (étudiante)
2) (dentiste)
3) (ingénieur)
4) (infirmière)

Leçon 7. J'ai 19 ans.

A : Salut! Je m'appelle Minji.
B : Salut! Je m'appelle Sophia.
A : Je suis de Corée. Et toi, tu es d'où?
B : Moi, je suis de Roumanie.
A : Ah, tu es roumaine. Tu as quel âge?
B : J'ai 19 ans. Et toi?
A : J'ai 19 ans, moi aussi.

La conjugaison du verbe AVOIR

J'	ai	Nous	avons
Tu	as	Vous	avez
Il/Elle	a	Ils/Elles	ont

* This verb corresponds to HAVE in english.

J'ai un frère.	I have a brother.
Tu as un portable?	Do you have a mobile phone?
Elle a une voiture.	She has a car.
Nous avons une grande maison.	We have a big house.
Vous avez quel âge?	How old are you?
Ils ont une villa.	They have a villa.

Attention!

To express the age, the french uses the verb AVOIR but the english uses BE.

J'ai 19 ans.	I am 19 years old.
J'ai 19 ans, moi aussi.	I am 19 years old either.

Information utile!

Il est de Roumanie. → Il est roumain.	He is a rumanian.
Elle est de Roumanie. → Elle est roumaine.	She is a rumanian.

 Exercice

A. Conjugate the verb AVOIR

1) Eric (　　　　) une voiture.   2) Isabelle et Jeanne (　　　　) des frères.
3) Nous (　　　　) un chien.   4) Vous (　　　　) l'heure?

Information utile!

Difference between french and english for the verbs ÊTRE - AVOIR.

1. Same usages ÊTRE - BE

ÊTRE	BE
Je suis prêt.	I am ready.
Il est occupé.	He is busy(occupied).
Nous sommes sûrs de ta réussite.	We are sure of your sucess.
Elle est fière de son fils.	She is proud of her son.
Elle est forte en mathématiques.	She is good at mathematics.
Il est friand du miel.	He(It) is fond of honey.

Elle est forte en math.   (fort = adjective)
  Ils sont forts. Elles sont fortes.   They are strong.
Elle parle fort.   (fort = adverb)
  Ils parlent fort. Elles parlent fort.   They speak strongly.

2. Same usages AVOIR - HAVE

AVOIR	HAVE
J'ai mal à la tête.	I have a headache.
Il a mal au bras.	He has a sore arm.
Elle a en tête une idée géniale.	She has in mind a good idea.
Elle a l'intention d'aller en France.	She has an intention to go to France.

3. Opposite usages

AVOIR	BE
J'ai chaud/froid.	I am hot/cold.
Nous avons faim/soif.	We are hungry/thirsty.
Tu as sommeil.	You are(feel) sleepy.
Vous avez raison/tort.	You are right/wrong.
J'ai honte.	I am ashamed(humiliated).
Elle a peur du chien.	She is afraid of the dog.
Elle a vingt et un ans.	She is 21 years old.
Ils ont envie de partir.	They are desirous to start.
Nous avons congé demain	We are on holiday tomorrow.
Qu'est-ce que tu as?	What is the matter with you?
J'ai besoin de 10 000 wons.	I am in need of 10 000 wons.

4. Others

ÊTRE	BE
Je suis enchanté.	I am glad.
Il est trois heures.	It is three o'clock.
Nous sommes en mai.	We are in May.
Ce livre est à moi.	This book is mine. (This book belongs to me.)

Les Numéros(1) 숫자 Numbers

1 un   2 deux   3 trois   4 quatre   5 cinq   6 six   7 sept   8 huit   9 neuf   10 dix   11 onze
12 douze   13 treize   14 quatorze   15 quinze   16 seize   17 dix-sept   18 dix-huit   19 dix-neuf
20 vingt

 Exercice

A. Transform the french into english and english into french expression.

1) J'ai chaud.
2) Vous avez raison.
3) Elle a envie d'aller regarder le film.
4) Cette voiture est à Marjolaine.
5) Il est neuf heures moins cinq.
6) I am afraid of the dog.
7) I am sleepy.
8) He has a sore arm.
9) Are you ready?
10) Do you have a headache?

B. Write the number in french and in english.

1) 3   2) 5
3) 8   4) 11
5) 14   6) 16
7) 17   8) 19

Unité II Table des matières

Leçon 8.   C'est le portable de Mina.
Leçon 9.   Cette cravate est à qui?
Leçon 10. Qui est-ce?
Leçon 11. Est-ce que c'est à vous?
Leçon 12. Est-ce que tu aimes le foot?
Leçon 13. Je mange de la salade.
Leçon 14. J'habite à Séoul.

Leçon 8. C'est le portable de Mina.

A : Voici un portable.
À qui est ce portable?
B : C'est le portable de Mina.
A : Et cette cravate?
B : C'est la cravate de Paul.
A : Est-ce que ce sont les livres de Paul aussi?
B : Non, ils sont à moi.

L'article défini Definite article

m. s.	f. s.	pl.(m./f.)
le	la	les

Voici un portable.   Here is a mobile phone.
C'est le portable de Mina.   It is Mina's phone.
Voilà une cravate.   There is a necktie.
C'est la cravate de Paul.   It is Paul's necktie.
Voilà des chiens.   There are dogs.
Ce sont les chiens de Jean.   They are Jean's dogs.

Attention à la contraction!

Before a vowel or mute h:		
le → l'	l'ami,	l'homme
la → l'	l'école,	l'heure

Uses of the definite article

1. **The article in french must be in accordance with the noun in gender and in number. It must be used before every noun.**

   un frère et une soeur   a brother and (a) sister
   le père et la mère   the father and mother
   le cheval et la vache   the horse and (the) cow

2. **The article is used before the name of the countries, days of the week, months, mountains and languages.**

34 | Learn french in english

la Corée	Korea	le Japon	Japan
le mercredi	Wednesday	le mai	May
le Mont-Blanc	Mont-Blanc (White Mountain)		
l'anglais	english	le français	french

3. The article is used even before a noun which refers to a material object or an abstract noun.

le fer	iron	l'or	gold
le riz	rice	l'eau	water
l'amour	love	la gentillesse	kindness

Information utile!

In english, the article is omitted when the noun is used in general sense. But in french, one uses the definite article in this case.

　Les français aiment le vin.　　　　French people like (in general) wine.

　J'aime le café.　　　　　　　　　　I like coffee.

Allons plus loin!

Voici un cahier. C'est le cahier de Jean.

Voilà des chiens. Ce sont les chiens de Marie.

There exists a certain order of appearance in the text between the articles. The indefinite appears prior to the definite article. The definite article functions like a word which retakes the element previously mentioned.

 Exercice

A. Write the appropriate article in the blank.

1) Voilà (　　　) voiture. C'est (　　　) voiture de Minji.
2) Voici (　　　) dictionnaire. C'est (　　　　) dictionnaire de Mina.
3) Voilà (　　　) bicyclettes. Ce sont (　　　　) bicyclettes de M. Jang.
4) Voici (　　　) livres. Ce sont (　　　) livres de Minhee.
5) Voilà (　　　) hôtel. C'est (　　　) hôtel Montparnasse.
6) Voici (　　　) amie. C'est (　　　) amie de Myoungsook.

Leçon 9. Cette cravate est à qui?

A : Cette cravate est à qui?
B : C'est la cravate de Paul.
A : Et ce portable est aussi à Paul?
B : Non, il est à moi.

L'adjectif démonstratif Demonstrative adjective

m. s.	f. s.	pl.
ce/cet	cette	ces

ce portable - ces portables
cette montre - ces montres

ce portable = this(or that) mobile phone
ces portables = these(or those) mobile phones

To distinguish the distance, one adds a specific term ⟨-ci, -là⟩ to the noun preceded by a hyphen. The suffix ⟨-ci⟩ indicates the closeness, and ⟨-là⟩ refers to a greater distance.

ce magasin-ci	this store	ce magasin-là	that store
cette table-ci	this table	cette table-là	that table
ces hommes-ci	these men	ces hommes-là	those men

Attention!

If the masculine noun begins with a vowel or a non-aspirate(mute) h, one uses the form ⟨cet⟩ in place of ⟨ce⟩. This form is used in order to avoid the hiatus. In this case, the liaison is realized between 't' and the next vowel.

	s.	pl.
m.	cet article	ces articles
	cet homme	ces hommes
	cet oiseau	ces oiseaux
f.	cette école	ces écoles
	cette université	ces universités

cf. In english also, you can find the modification of word due to a hiatus.
a boy → an old boy
an angel, an error, an incident, etc

Information utile!

| À qui est ... ? | To whom belong ... ? |

- **This expression transfers the meaning of possession.**

À qui est ce livre? To whom this book belongs?
  Il est à Mina. It belongs to Mina.
Cette montre est à qui? This watch belongs to whom?
  Elle est à Jean. It belongs to Jean.
À qui sont ces objets? To whom these things belong?
  Ils sont à Philippe. Those belong to Philippe.
À qui est ce stylo? To whom this pen belongs?
  C'est à moi. It is mine.(It belongs to me.)

Exercice

A. Fill in the blank with an appropriate demonstrative adjective.

1) (　　　　) garçon　　2) (　　　　) jeune fille
3) (　　　　) arbre　　4) (　　　　) hôtel
5) (　　　　) femmes　　6) (　　　　) enfants
7) (　　　　) voitures　　8) (　　　　) étudiant
9) (　　　　) téléphone　　10) (　　　　) télévision
11) (　　　　) été　　12) (　　　　) ordinateur

B. Imitate the model.

> ⟨Model⟩
> Voici deux voitures: cette voiture-ci est à Paul et cette voiture-là est à Jean.

1) Voilà deux chaises: (　　　　) est grande et (　　　　) est petite.
2) Voici deux sacs: (　　　　) est à Mija et (　　　　) est à moi.
3) Voici deux maisons: (　　　　) est à M. Dupuis et (　　　　) est à Mme Kim.
4) Voilà deux ordinateurs: (　　　　) est à Simon et (　　　　) est à Minji.
5) Voici des hommes: (　　　　) sont français et (　　　　) sont allemands.
6) Voilà des fleurs: (　　　　) sont roses et (　　　　) sont tulipes.

Leçon 10. Qui est-ce?

A : Qui est-ce?
B : C'est mon oncle.
A : Il est très grand.
B : Oui. Il est sportif.
Il est sportif. = He is a sportsman.

Qui est-ce?	Who is he?
C'est mon frère.	He is my brother.
Qui est-ce?	Who is she?
C'est ma tante.	She is my aunt.
Qui est-ce?	Who are they?
Ce sont mes parents.	They are my parents.

As you can see above, the expression 'Qui est-ce?' is used to ask the identity of the person, regardless of the number and gender. But in english, one specifies the gender and the number for the third person.

One can also ask ⟨C'est qui?⟩ in a dialogue.

C'est qui?	He/She is who?
C'est mon frère./C'est ma soeur.	He is my brother./She is my sister.

Les adjectifs possessifs Possessive adjectives

(1) singular possessor

m.	f.	pl.	english
mon père	**ma** mère	**mes** parents	my
ton père	**ta** mère	**tes** parents	your
son père	**sa** mère	**ses** parents	his/her

(2) plural possessor

m.	f.	pl.	english
notre père	**notre** mère	**nos** parents	our
votre père	**votre** mère	**vos** parents	your
leur père	**leur** mère	**leurs** parents	their

There is a big difference between english and french for the possessive adjectives. In english, the gender of the possessor is specified only for the 3rd person. But in french, one must distinguish the gender and the number of the possessed objects as well as the number of the possessor.

Attention!

The masculine form is used before a noun of feminine gender if the word begins with a vowel or a mute h. This form is used in order to avoid the hiatus.

une université	→ mon université	my university
une école	→ ton école	your school
une hospitalité	→ son hospitalité	his(her) hospitality

 Exercice

A. Imitate the model.

> C'est le livre de Mina?
> → Oui, c'est son livre.

1) C'est la voiture de ta mère?
   → Oui, c'est (   ) voiture.
2) C'est la maison de tes parents?
   → Oui, c'est (   ) maison.
3) C'est votre université?
   → Oui, c'est (   ) université.
4) Ce sont les livres de votre fils?
   → Oui, (   )

B. Imitate the model.

> Ce portable est à Mina?
> → Oui, c'est son portable.

1) Ces cahiers sont à toi?
   → Oui, ce sont (   ) cahiers.
2) Cette lettre est à moi?
   → Oui, (   )
3) Ces journaux sont à vous?
   → Oui, (   )
4) Ce cahier est à elle?
   → Oui, (   )

Leçon 11. Est-ce que c'est à vous?

A : Est-ce que cette montre est à toi, Mina?
B : Non, ce n'est pas ma montre.
   C'est la montre de Jinsou.

L'interrogation (1) Interrogation

| Est-ce que ...? | Is this/that ...? |

1. By putting the expression 'est-ce que' in the initial position, one can make an interrogative sentence. The answer to this question can be positive ⟨Oui⟩ or negative ⟨Non⟩.

   ex. Philippe est avocat.   Philippe is a lawyer.
   → Est-ce que Philippe est avocat?
      Oui, il est avocat.
      Non, il n'est pas avocat.
   Les coréens sont gentils.   Koreans are kind.
   → Est-ce que les coréens sont gentils?
      Oui, ils sont gentils.
      Non, ils ne sont pas gentils.

2. In case where the subject is a pronoun, one can make an interrogative sentence by inverting the word order like 'verb-subject'.

Tu es américaine. → Es-tu américaine?	Are you an american?
Elle est canadienne. → Est-elle canadienne?	Is she a canadian?
Vous êtes infirmière. → Êtes-vous infirmière?	Are you a nurse?
C'est un livre. → Est-ce un livre?	Is this a book?
Ce sont des livres. → Est-ce que ce sont des livres?	Are they books?

   *Sont-ce ...? is not permitted in french.

   *You must note the presence of '-' (hyphen) between the words 'verb-subject'.

- **Attention!**

    Il a une voiture. → A-t-il une voiture?   Has he a car?
    Elle a un villa. → A-t-elle un villa?   Has she a villa?

   The character '-t-' is inserted between the words. It is to avoid the collision of two vowels(hiatus).

3. In case where a noun is the subject, one inserts a pronoun corresponding to the subject after the verb.

   Pierre est médecin. → Pierre est-il médecin?   Pierre is a doctor?
   Sophie est infirmière. → Sophie est-elle infirmière?   Sophie is a nurse?
   Jean et Paul sont ingénieurs. → Jean et Paul sont-ils ingénieurs?
   Marie et Sylvie sont françaises. → Marie et Sylvie sont-elles françaises?

La negation Negation

| NE ... PAS |

One inserts 'ne' before and 'pas' after the verb in order to make a negative sentence.

ex.   Je suis étudiant. → Je ne suis pas étudiant.   I am not a student.
   Philippe est avocat. → Philippe n'est pas avocat.   Philippe is not a lawyer.
   Mes parents sont aux États-Unis.   My parents are in the U.S.A.
   → Mes parents ne sont pas aux États-Unis.   My parents are not in the U.S.A.

- **Attention!**

   The contraction is made in case where NE is followed by a word which begins with a vowel or a non-aspirate h:

   Il n'est pas gentil.   He is not kind.
   Elle n'a pas de voiture.   She has not a car.
   Ils n'habitent pas à Séoul.   They don't live in Seoul.

   * Il ne hait pas son voisin.   He doesn't hate his neighbor.
      (haïr is a word beginning with an aspirate h.   One does not make a contraction neither a liaison.)

Allons plus loin!

Est-ce que vous êtes coréen?	Are you a korean?
→ Oui, je suis coréen.	Yes, I am.
→ Non, je ne suis pas coréen.	No. I am not.
Est-ce que vous n'êtes pas coréen?	Are you not a korean?
→ Si, je suis coréen.	Yes, I am.
→ Non, je ne suis pas coréen.	No, I am not.

One can't answer ⟨Oui, je suis.⟩ nor ⟨Non, je ne suis pas.⟩ to the question ⟨Est-ce que vous êtes coréen?⟩. One must express ⟨Oui, je suis coréen.⟩ or ⟨Non, je ne suis pas coréen.⟩

Est-ce que Jeanne est française?	Is Jeanne a french?
Oui, elle est française.	Yes, she is.
Non, elle n'est pas française.	No, she is not.
Est-ce que c'est ton ordinateur?	Is this your computer?
Oui, c'est mon ordinateur.	Yes, it is.
Non, ce n'est pas mon ordinateur.	No, it is not.

In order to answer positively to a negative question, one uses ⟨Si,⟩ in place of ⟨Oui,⟩.

Est-ce que Sylvie n'est pas française?	Isn't Sylvie a french?
Si, elle est française.	Yes, she is.
Non, elle n'est pas française.	No, she isn't.
Est-ce que ce n'est pas votre livre?	Is this not your book?
Si, c'est mon livre.	Yes, it is.
Non, ce n'est pas mon livre.	No, it is not.
Est-ce que ce ne sont pas vos livres?	Are these not your books?
Si, ce sont mes livres.	Yes, they are.
Non, ce ne sont pas mes livres.	Non, they are not.

Exercice

A. Make a negative sentence of the given expression.

1) Pierre est belge.
2) Sophie est gentille.
3) Les cousins de Paul sont en Italie.
4) C'est la cravate de M. Dupont.
5) Ce sont les ordinateurs de M. Girod.
6) M. et Mme Girod sont en Suisse.
7) Est-ce que c'est votre montre?
8) Est-ce que ce sont vos chiens?
9) Est-ce que cette voiture est à vous?
10) Est-ce que ces animaux sont à M. et Mme Durand?

B. Answer the question.

1) Est-ce que Marie est française?
   Oui,
2) Est-ce que Philippe et Paul sont allemands?
   Non,
3) Est-ce que c'est votre voiture?
   Non,
4) Est-ce que ce sont les enfants de M. et Mme Legrand?
   Oui,
5) Est-ce que ce n'est pas la robe de Sylvie?
   Si,
6) Est-ce que ces valises ne sont pas à Philippe?
   Non,
7) Est-ce que cette chienne n'est pas à vous?
   Si,
8) Est-ce que ces bijoux ne sont pas à toi?
   Non,
9) Est-ce que Yuna Kim n'est pas coréenne?
   -
10) Est-ce que tu n'es pas coréen(ne)?
    -

Leçon 12. Est-ce que tu aimes le foot?

A : Est-ce que tu aimes le foot?
B : Oui, j'adore le foot.
A : Alors, est-ce que ton frère aime aussi le foot?
B : Non, il n'aime pas le foot.
   Il aime le tennis.

La conjugaison du verbe AIMER

J'	aime	Nous	aimons
Tu	aimes	Vous	aimez
Il	aime	Ils	aiment

Information utile!

There are three groups of verb in french ; the first, second and third group. The verbs of the first and the second groups are regular, and those of third group are irregular.

1. The verbs of the first group terminate by ER.

   For example: aimer, chanter, danser, écouter, jouer, parler, etc.

2. To conjugate these verbs in present tense, eliminate the final -ER and attach the endings shown above.

   Tip!

   The regularity of the verb is determined in english by the formation of the past and the past participle tense. For example,
      walk - walked - walked, work - worked - worked
   are regular verbs.
   But the verbs
      see - saw - seen, sing - sang - sung, speak - spoke - spoken
   are irregular verbs. Can you explain the irregularity of these verbs?

Information utile!

There are some verbs of the first group whose form is a little modified when it is conjugated in present tense. For example:

	acheter	appeler	jeter	manger	commencer
Je(J')	achète	appelle	jette	mange	commence
Tu	achètes	appelles	jettes	manges	commences
Il/Elle	achète	appelle	jette	mange	commence
Nous	achetons	appelons	jetons	mangeons	commençons
Vous	achetez	appelez	jetez	mangez	commencez
Ils/Elles	achètent	appellent	jettent	mangent	commencent

This modification is due to the sound system of french words.

Tip!

The present tense in french can have several senses.

Il parle français.	He speaks french. (in general)
	He is speaking french. (now)
	He does speak french. (emphasis)

Exercice

A. Conjugate the verbs provided.

	voyager	envoyer	essayer	essuyer
Je				
Tu				
Il				
Nous				
Vous				
Ils				

B. Fill in the blank with an appropriate form of the verb.

1) Nous (manger   ) à midi.
2) Vous (chanter   ) ce soir?
3) Elle (nettoyer   ) les chambres.
4) On (commencer   ) la leçon 12.
5) Nous (avancer   ) lentement.
6) Il (appeler   ) le médecin.
7) Les enfants (jeter   ) des papiers.
8) Tu (lever   ) la main droite.
9) Ils (payer   ) par carte bancaire.
10) Je(J') (acheter   ) des livres.

Leçon 13. Je mange de la salade.

Philippe : Mon amie Jeanne est étudiante en médecine. Elle aime manger de la viande. Mais moi, je n'aime pas la viande. Je mange souvent de la salade.

Paulette : Alors mon ami, François, il est étudiant en lettres. Il aime beaucoup danser. Mais moi, je n'aime pas la danse. J'aime le théâtre.

L'article partitif Partitive article

m.s.	f.s.
du (de l')	de la (de l')

1. This article is used before a noun which refers to an object uncountable, like material objects.

du café	some coffee	du fromage	some cheese
du pain	some bread	de l'eau	some water
de la salade	some salad	de la viande	some meat

Je mange du pain, de la viande et de la salade.   I eat bread, meat and salad.
Elle a du goût pour la musique.   She has a favor for the music.

2. If the word begins with a vowel or a non-aspirate h, ⟨du(de la)⟩ is transformed into de ⟨l'⟩.

ex. de l'air   air = masculine
   de l'argent   money = masculine
   de l'eau   water = feminine
   de l'huile   oil = feminine

Allons plus loin!

(1) Je mange de la viande.   I eat meat.
(2) J'aime la viande.   I like the meat.

- **Difference between those above:**

   (1) represents that the meat is a material object to be consumed in part.
   But in (2), the meat is considered as a category which can't be divided by parts.

- **Compare:**

L'eau est indispensable à la vie.   The water is indispensable to life.

Les français aiment le vin et les allemands adorent la bière.
    French people likes wine and german adores beer.

Mon fils aime le poulet, et il mange souvent du poulet.
    My son likes chicken and he eats it often.

Information utile!

- **The verbs AIMER, ADORER can be followed by an infinitive verb as well as a noun.**

J'aime la danse.	I like a dance.
J'aime danser.	I like dancing.
Elle adore le sport.	She likes very much the sport.
Elle adore jouer au foot.	She adores playing football.

- **The position of NE ... PAS**

Elle aime jouer au foot.   She likes playing football.
→ Elle n'aime pas jouer au foot.   She doesn't like playing football.
Ils adorent aller au cinéma.   They like very much to go to the cinema.
→ Ils n'adorent pas aller au cinéma.   They don't like to go to the cinema.

 Exercice

A. Put an appropriate partitive article in the blank.

1) Je mange souvent (   ) viande le soir.
2) Mais ma femme mange (   ) salade.
3) Tu manges (   ) boeuf?
4) Bien sûr, je mange (   ) boeuf et (   ) pain.

B. Put an appropriate article in the blank.

1) Les français aiment (   ) vin.
2) J'adore (   ) café italien.
3) Tu aimes (   ) pizza?
4) Moi, je n'aime pas (   ) viande.

Information très importante!

| DE négatif | Negative DE |

- **The positive sentences**

    Paul mange du pain.   Paul eats some bread.

    Jean mange de la viande.   Jean eats some meat.

are modified in the negative sentences as below:

    Paul ne mange pas de pain.   Paul doesn't eat bread.

    Jean ne mange pas de viande.   Jean doesn't eat meat.

The partitive article "du/de la' is transformed into 'de' in the negative sentence. This happens when the noun preceded by an indefinite article or a partitive article corresponds to the direct object of the verb in a negative sentence. In other words, the sentence is composed by a transitive verb. A transitive verb needs a direct object in order to constitute a sentence.

- **Some more examples:**

    1) J'ai un chien.   I have a dog.

       Je n'ai pas de chien.   I have not a dog.

    2) J'ai des chiens.   I have dogs.

       Je n'ai pas de chiens.   I have not dogs.

    3) Elle a de l'argent.   She has some money.

       Elle n'a pas d'argent.   She doesn't have money.

    4) Ils mangent de la viande.   They eat some meat.

       Ils ne mangent pas de viande.   They don't eat meat.

    5) Il y a de l'eau.   There is water.

       Il n'y a pas d'eau.   There is no water.

    6) Il y a des oeufs dans le frigo.   There are eggs in the refrigerator.

       Il n'y a pas d'oeufs dans le frigo.   There is no eggs in the refrigerator.

For this reason, one calls 'de négatif' this word which can be seen in the negative expressions.

- **Compare:**

    1) Nous avons les romans de Balzac.
       → Nous n'avons pas <u>les</u> romans de Balzac.
    2) Elle a le livre de Paul. → Elle n'a pas <u>le</u> livre de Paul.
        *The definite article does not change the form in a negative sentence.
    3) C'est un livre.→ Ce n'est pas un livre.
    4) Ce sont des cahiers. → Ce ne sont pas des cahiers.
       (<u>un livre</u>, <u>des cahiers</u> are not the direct object.)

 Exercice

A. Read once more the text of lesson 13 and answer the question.

1) Est-ce que Philippe aime la viande?
    -
2) Est-ce que Philippe ne mange pas souvent de salade?
    -
3) Est-ce que François adore la danse?
    -
4) Est-ce que Paulette aime danser?
    -

B. Answer the question.

1) Est-ce que tu manges du boeuf?
    Non, je _____
2) Est-ce que ton ami mange de la salade?
    Oui, il _____
3) Est-ce que vous mangez des oeufs?
    Non, nous _____
4) Est-ce que tes parents mangent de la soupe?
    Non, ils _____
5) Est-ce que vous avez de l'argent?
    Non, je _____
6) Est-ce qu'il y a des oiseaux dans l'arbre?
    Non, il _____

■ Which language is more difficult for you, french or english?

Leçon 14. J'habite à Séoul.

> A : Vous habitez où?
> B : J'habite à Paris, et vous?
> A : Moi, j'habite à Genève.
> B : Vous êtes suisse?
> A : Oui, je suis suisse. Mais ma femme est allemande.
> B : Alors, vous parlez allemand?
> A : Oui, bien sûr. Je parle allemand.
>   Mes enfants parlent français et allemand.

- HABITER is a verb of first group and it begins with a non-aspirate(mute) h. The non-aspirate h is treated like a vowel in french. The conjugation of the present tense is made like this:

J'	habite	Nous	habitons
Tu	habites	Vous	habitez
Il/Elle	habite	Ils/Elles	habitent

J'habite à Incheon.   I live in Incheon.
Mais elle habite à Kangnam.   But she lives in Kangnam.

Attention à la liaison!

1. You see that the contraction is made between the pronoun JE and the verb HABITER to be formed like 〈j'habite〉. You must also know that the liaison is made between the words:

    nous habitons, vous habitez, ils habitent

2. You can also find the liaison between the expressions:

    J'habite à paris.   I live in Paris.
    Vous êtes suisse?   Are you a swiss?
    Ma femme est allemande.   My wife is a german.
    Mes enfants parlent allemand. My children speak the german.

3. But the liaison is not occurred between the conjunction ET and the next word, even the word begins with a vowel.

    un homme et une femme   a man and a woman
    trois américains et un français   three americans and a french
    C'est un enfant gentil et aimable. This is a kind and pretty child.

4. One does not have a liaison with a word beginning with an aspirate h.

Il est très haut.   It is very high.

5. The contraction is not made with an aspirate h.

le héros   the hero
la hache   the ax

Chanson!!!	Comptine
Frère Jacques	
Frère Jacques	Brother Jacques
Frère Jacques	Brother Jacques
Dormez-vous?	Are you sleeping?
Dormez-vous?	Are you sleeping?
Sonnez les matines	Ring the morning bell
Sonnez les matines	Ring the morning bell
Ding ding dong	Ding ding dong
Ding ding dong	Ding ding dong

 Exercice

A. Read exactly the expressions provided. Pay attention to the liaison.

1) Ils ont trente-trois ans.
2) Ils sont aux États-Unis.
3) Ses amis sont employés.
4) Elle est à Londres.
5) Une femme et un homme sont arrivés.
6) Cette montagne est très haute.
7) Il est sept heures et demie.
8) Elle a les yeux noirs.

Review

A. Conjugate the given verb.

1) Mon amie (adorer   ) le cinéma français.
2) Moi, j'(aimer   ) la musique classique.
3) Tes parents (habiter   ) à Nice?
4) Tu (parler   ) allemand?
5) Vos parents (rester   ) où?
6) Nous (manger   ) dans un restaurant.
7) Ils (appeler   ) le médecin.
8) Philippe et ses amis (acheter   ) des sacs.
9) Nous (commencer   ) la leçon 15.
10) Vous vous (appeler   ) comment?
11) Tu (payer   ) en espèce?
12) Tes amis (envoyer   ) un télégramme?

B. Answer the question.

1) Est-ce que tu habites à Paris?
   Oui, je _____
   Non, je _____

2) Est-ce que tu aimes aller au théâtre?
   Oui, je _____
   Non, je _____

3) Est-ce que tu as des frères?
   Oui, je _____
   Non, je _____

4) Est-ce que vous mangez du boeuf?
   Oui, je _____
   Non, je _____

5) Est-ce que vous avez une voiture?
   Oui, je _____
   Non, je _____

6) Est-ce qu'il y a des oeufs dans le frigo?
   Oui, je _____
   Non, je _____

Unité III

Table des matières

Leçon 15.   Je choisis le menu.
Leçon 16.   Aujourd'hui, c'est le 27 avril.
Leçon 17.   Quelle est votre profession?
Leçon 18.   Elle est belle.
Leçon 19.   Allez tout droit.
Leçon 20.   Je viens avec toi.

Leçon 15. Je choisis le menu.

A : Monsieur, qu'est-ce que vous choisissez comme plat principal?
B : Moi, je choisis un bifteck frites.
A : Et vous, Madame?
C : Moi, je n'aime pas la viande.
　　Je préfère le poisson.
A : Alors, je vous propose un saumon grillé.
　　C'est très bon, aujourd'hui.
C : D'accord. Donnez-moi un saumon grillé.

La conjugaison du verbe CHOISIR

Je	choisis	Nous	choisissons
Tu	choisis	Vous	choisissez
Il/Elle/On	choisit	Ils/Elles	choisissent

- **The conjugation of the verbs of 2nd group:**

The verbs of second group terminate by -IR. To conjugate these verbs, one drops the final -IR and attaches the endings shown above.

- **Example of the verbs of second group:**

　　blanchir, choisir, grandir, obéir, réunir, réussir, vieillir, etc

Il réussit à entrer dans l'université.	He succeeds in entering the university.
Les enfants obéissent à leurs parents.	Children obey their parents.
On vieillit vite.	The human being gets old rapidly.
Les feuilles jaunissent en automne.	The leaves turn yellow in autumn.

Allons plus loin!

1. There are verbs of second group which are derived from adjectives. These adjectives are made from the feminine form.

jaune → jaunir	turn yellow
rouge → rougir	turn red

grand - grande → grandir		grow
gros - grosse → grossir		gain flesh
blanc - blanche → blanchir		turn white
vieux - vieille → vieillir		get old

2. Other verbs which are related with adjectives.

noir → noircir		make black / blacken
rond → arrondir		make round
court → raccourcir		make short / shorten
long → allonger		make long / lengthen
haut → hausser		make high / enhance
bas → baisser		make low / lower

Attention!

The conjugation of the verb PRÉFÉRER

Je	préfère	Nous	préférons
Tu	préfères	Vous	préférez
Il/Elle	préfère	Ils/Elles	préfèrent

Same conjugation for the verbs which end by ⟨-é+consonne+er⟩:
accélérer, avérer, espérer, posséder, répéter, etc.

Je préfère le poisson à la viande.   I prefer fish to meat.
Elle possède une grande voiture.   Shes possesses a big car.

The modification of form is due to the sound system of french language.

 Exercice

A. Conjugate the verbs.

	obéir	réussir	posséder	répéter
Je				
Tu				
Il				
Nous				
Vous				
Ils				

Le pronom ON — Pronoun ON

- **This pronoun is used in many situations in french. It can replace in theory all the pronouns. It takes only the position of subject in a phrase and is combined with a verb conjugated in third person singular form.**

On parle le français et l'anglais au Canada.	They(People) speak french and english in Canda.
On frappe à la porte.	Someone is knocking at the door.
On va au restaurant?	We go to the restaurant?
On dit qu'il y a un accident.	I heard that there is an accident.
On est vendredi aujourd'hui.	It is Friday today.

Allons plus loin!

- **How to express the date of a month?**

On est le combien aujourd'hui?	What day is it today?
On est le 15 mai.	It is May fifteenth.
Le combien sommes-nous?	What day is it today?
Nous sommes le 15 mai.	It is May fifteenth.

- **L'expression 〈Nous sommes le combien?〉 transfers the same meaning as 〈On est le combien?〉**

Difference between french and english in expressing the date:

1) The cardinal number is used in french to express the date of a month, but in english the ordinal number is used. One uses the definite article LE before the date in french.

le 21 juin	June 21st

Only the first day of the month is expressed by the ordinal number.

le 1er juillet	July first

2) Word order:

The date precedes the name of month in french differently from that of english.

in french: 'le' + date - month - year

in english: month - date - year

Les numéros (2) Numbers

21 vingt et un   22 vingt-deux   23 vingt-trois   24 vingt-quatre
25 vingt-cinq   26 vingt-six   27 vingt-sept   28 vingt-huit
29 vingt-neuf   30 trente   31 trente et un   32 trente-deux
40 quarante   50 cinquante   60 soixante   70 soixante-dix
71 soixante et onze   72 soixante-douze   73 soixante-treize
80 quatre-vingts   81 quatre-vingt-un   82 quatre-vingt-deux
90 quatre-vingt-dix   91 quatre-vingt-onze   100 cent
200 deux cents   201 deux cent un   3 000 trois mille
40 000 quarante mille   5 000 000 cinq millions

(mil, mille = invariable words)

 Exercice

A. Write the phone numbers in french.

ex. 01 76 42 88 35 - zéro un, soixante-seize, quatre-vingt-huit, trente-cinq

1) 02 16 94 73 27 -   2) 04 43 59 61 90 -
3) 06 67 41 71 12 -   4) 01 48 86 92 11 -
5) 03 39 18 51 65 -   6) 06 74 52 29 80 -

B. Write the numbers in french and in english.

1) Henri IV

2) 135 chevaux

3) l'an 2078

4) une baguette à 2,60 euros

5) un carnet de ticket à 14,50 euros

6) une voiture de luxe à 69 999 euros

Leçon 16. Aujourd'hui, c'est le 27 avril.

A : Quel jour est-ce aujourd'hui?
B : Aujourd'hui, c'est vendredi.
A : Et quelle est la date d'aujourd'hui?
B : C'est le 27 avril.

- **The days of the week are not capitalized in french.**

    - Quel jour est-ce aujourd'hui? / Quel jour sommes-nous aujourd'hui?
       What day of a week is it today?
    - C'est jeudi. / Nous sommes jeudi.   It is Thursday.

Les noms des jours Names of weekly days

lundi - mardi - mercredi - jeudi - vendredi - samedi - dimanche

- **The first day of a week is lundi, and the last day is dimanche.**

Les mois	Months	
janvier	février	mars
avril	mai	juin
juillet	août	septembre
octobre	novembre	décembre

en janvier / au mois de jenvier   in January
Nous sommes en janvier. / On est en javier.   We are in January.
Au mois d'août, nous avons des vacances.   In August, we have a vacation.

Les saisons Seasons

- **printemps - été - automne - hiver**

    au printemps   in spring (au = à + le)
    en été   in summer
    en automne   in autumn
    en hiver   in winter

L'année Year

1789   mil sept cent quatre-vingt-neuf
1996   mil neuf cent quatre-vingt-seize
2015   deux mil quinze

Allons plus loin!

- A collective number: one attaches '-aine' to the cardinal number.
- There can be a little modification of the ending.

douze → douzaine	a dozen
deux douzaines d'oeufs	two dozens of eggs
vingt → vingtaine	about twenty
une vingtaine de personnes	about twenty persons
trente → trentaine	about thirty
mille → millier	about a thousand
un millier d'hommes	about a thousand people
des milliers d'étoiles	so many stars

 Exercice

A. Change the expression - french into english and english into french.

1) juin -
2) août -
3) mercredi -
4) vendredi -
5) le 4 mai -
6) le 21 juillet -
7) February -
8) the 17th April -
9) in spring -
10) five dozens of eggs -

B. Answer the question.

1) On est le combien?
   A:
2) Quel jour de la semaine est-ce aujourd'hui?
   A:
3) En quelle saison sommes-nous?
   A:
4) On est en quel mois?
   A:
5) Quel est ton numéro de téléphone?
   A:
6) Nous sommes en automne maintenant?
   A:
7) Tu as quel âge?
   A:
8) En quelle année sommes-nous?
   A:

Leçon 17. Quelle est votre profession?

A : Quelle est votre profession?
B : Je suis journaliste.

L'adjectif interrogatif QUEL Interrogative adjective QUEL

m.s.	f.s.	m.pl.	f.pl.
quel	quelle	quels	quelles

- The adjective must be in accordance with the noun in gender as well as in number. If the noun belongs to a feminine plural, the adjective must be also put in feminine plural.

On est quel jour?	What day is it today?
Quel est ton nom?	What's your name?
Quelle est votre profession?	What is your occupation?
Quels sont tes projets?	What are your projects?
Vous avez quelles motivations?	What motivations do you have?

- Compare:

Tu choisis quel jour pour le départ?   You choose which day for the departure?

- The pronoun QUEL corresponds to 'what' or to 'which' in english, depending on the situation.

A : Tu es né en quelle année?   You were born in what year?
B : Je suis né en 1996.   I was born in 1996.
A : Et ta soeur, elle est née en quelle année?   And your sister, she was born in what year?
B : Elle est née en 1999.   She was born in 1999.
    Mais tu es né en quel mois?   And you were born in what month?
A : Je suis né en mars.   I was born in March.
B : Ah, tu es né au printemps.   Ah, you were born in spring.
    C'est une belle saison.   It's a good season.

En quel mois sommes-nous?	In what month are we?
Nous sommes en mai.	We are in May.
Aujourd'hui, nous sommes le 1er mai.	It is May 1st today.
En mai, on est au printemps.	In May we are in spring.
Au printemps, il fait beau.	In spring, the weather is good.
Il y a des fleurs partout.	There are flowers everywhere.
Les mois d'été sont juin, juillet et août.	
En été, il fait chaud.	In summer, it is hot.
Les mois d'automne sont septembre, octobre et novembre.	
En automne, il fait doux.	In autumn, it is mild.
Les mois d'hiver sont décembre, janvier et février.	
En hiver, il fait froid et il neige.	In winter, it is cold and it snows.

Les numéros ordinaux Ordinal numbers

- **One adds the suffix '-ième' to the cardinal number in order to make an ordinal number. Exception is done for the first and the last.**

premier	first
deuxième/second	second
troisième	third
dixième	tenth
...	
dernier(dernière)	last

Attention!

1. If the cardinal number ends by -e, one drops this character.

douze → douzième	twelfth
quinze → quinzième	fifteenth
quatre-vingts → quatre-vingtième	eightieth
trois cents → trois centième	three hundredth

- **Compare:**

  vingt et unième   twenty first

2. These numbers are adjectives. Therefore they must be in accordance with the noun in gender.

  le premier garçon   the first boy
  la première dame   the first lady
  le dernier film   the last film
  la dernière séance   the last session
  les dernières trois femmes   the last three women

 Exercice

A. Answer the question.

1) Tu es né(e) en quelle année?
2) Ta mère est née en quelle année?
3) Quelle heure est-il maintenant?
4) Quels sont les mois d'été?
5) De quelle couleur est la rose?
6) Quel est votre projet d'avenir?
7) Vous êtes en quel étage maintenant?
8) Quelle est la hauteur du Mont Halla?
9) Quelle est la profession de ton frère?
10) Quels sont les sept jours de la semaine?
11) Quel est le quatrième mois de l'année?
12) Quelle est la date de la fête nationale française?

B. Write the ordinal number in french and in english.

1) 1er 2) 3ème
3) 9ème 4) 17ème
5) 31ème 6) 50ème
7) 100ème 8) 1000ème

■ Vous avez bien fait!   Good job!   Bravo!

Addition Addition

Deux plus quatre égalent six.   Two plus four equals six.
Trois plus six font neuf.   Three plus six equals nine.

Soustraction Subtraction

Neuf moins deux égalent sept.   Nine minus two equals seven.

Multiplication Multiplication

Deux fois quatre font huit.   Four multiplied by two equals eight.
= Quatre multiplié par deux égalent huit.

Division Division

Douze divisé par trois font quatre.   Twelve divided by three equals four.

Fraction Fraction

- **The numerator is written by the cardinal number and the denominator is described by the ordinal number. If the numerator is plural, the denominator is written in plural.**

1/2	un demi	a half	1/3	un tiers	one third
1/4	un quart	a quarter	1/5	un cinquième	one fifth
1/10	un dixième	one tenth	2/3	deux tiers	two thirds
3/5	trois cinquièmes	three fifths			

Les autres Others

| simple | simple/once | double | double/twice |
| triple | triple/three times | quadruple | four times |

 Exercice

A. Write the number and the expressions provided.

1) 76   2) 198   3) 57 419
4) 2 000 000   5) 3/5   6) 14 + 23 = 37
7) 3 × 8 = 24   8) 42 ÷ 7 = 6

Leçon 18. Elle est belle.

> A : Regarde cette jeune fille. Elle est belle.
> B : Oui, elle est aussi très grande.
> A : C'est vrai. Elle est grande et belle.
>   Elle se promène avec un garçon asiatique.

Les adjectifs qualificatifs Descriptive adjectives

- **Descriptive adjectives are called modifiers. They transfer the information about people, objects and places. In general, they are placed after the noun that they modify. They can be linked with the noun by the verb ÊTRE.**

Pierre est intelligent.	Pierre is intelligent.
C'est un garçon intelligent.	This is an intelligent boy.
Je cherche une dame charmante.	I am looking for a charming woman.
Regarde les dames charmantes.	Look at the charming women.

L'accord des adjectifs qualificatifs Accord of adjectives

- **The descriptive adjectives must agree in gender and number with the noun that they describe.**

	m.	f.
s.	un garçon intelligent	une dame intelligente
pl.	des garçons intelligents	des dames intelligentes

Information utile!

- **How to make a feminine form of the descriptive adjectives?**

1. By adding '-e' to the masculine form:

intelligent → intelligente, grand → grande, joli → jolie

- Exception: If the masculine adjective terminates with an 'e', it's not necessary to add another '-e'. The masculine form remains unchanged for the feminine.

Pierre est jeune.	Pierre is young.
Sophie est jeune.	Sophie is young.

> ■ Some adjectives are slightly modified for the formation of feminine gender.

- For example:

gros → grosse	fat	bon → bonne	good
gentil → gentille	nice	cher → chère	expensive
discret → discrète	discreet	neuf → neuve	new
sérieux → sérieuse	serious	doux → douce	soft
blanc → blanche	white	frais → fraîche	fresh
sec → sèche	dry	long → longue	long
public → publique	public	complet → complète	complete

- Attention!

  Some adjectives are placed before the noun. They are in general short and have a high frequency of usage.

  For example: bon, beau, grand, jeune, petit, mauvais, nouveau, vieux, etc.

  In case where a descriptive adjective is placed before a noun, the plural form of the indefinite article is transformed into 'DE' in place of 'DES':

⟨DE + adjectif en pluriel + nom⟩

Ce sont des élèves bons et intelligents.	They are good and intelligent students.
Ce sont de bons élèves.	They are good students.
Elle achète de jolies robes.	She buys some pretty clothes.
← Elle achète une jolie robe.	She buys a pretty dress.

- Attention!!

  des jeunes filles - 'jeune fille' is treated as one word.

- Allons plus loin!

  There are some adjectives whose position inducts a different meaning.

un grand homme	a great person	un homme grand	a tall man
un pauvre homme	a fellow	un homme pauvre	a man who is poor
une femme seule	a lonely woman	une seule femme	only one woman
un immeuble ancien	an old house	mon ancien immeuble	my precedent house

2. Les adjectifs BEAU, NOUVEAU and VIEUX

Due to the sound system of french language, these adjectives are modified in form according to the word which follows them.

	m.s.	f.s.	m.pl.	f.pl.
beau	beau/bel	belle	beaux	belles
nouveau	nouveau/nouvel	nouvelle	nouveaux	nouvelles
vieux	vieux/vieil	vieille	vieux	vieilles

C'est un beau garçon.	This is a handsome boy.
Cet hôtel est beau.	This hotel is beautiful.
C'est un bel hôtel.	It is a beautiful hotel.
Un bel arbre	a beautiful tree
De beaux arbres	beautiful trees
Une belle maison	a beautiful house
De belles maisons	beautiful houses
Un nouveau roman	a new novel
Un nouvel ami	a new friend
De nouveaux amis	new friends
Une nouvelle voiture	a new car
De nouvelles voitures	new cars
Cet homme est vieux.	This man is old.
C'est un vieil homme.	He is an old man.
Un vieil ami	an old friend
De vieux amis	old friends
Une vieille dame	an old woman
De vieilles dames	old women

Attention!

3. The adjectives 'jaune, rouge' are invariable in gender. Because these adjectives terminate by 'e'.

un chapeau jaune	a yellow hat
une voiture jaune	a yellow car

4. **The adjectives 'marron, orange' are invariable in gender as well as in number. Because the adjectives 'marron, orange' are derived from the nouns.**

un chapeau orange	a hat of orange color
des chapeaux orange	hats of orange color
une jupe marron	a skirt of brown color
des jupes marron	skirts of brown color
des voitures bleu marine	cars of bleu marine color

 Exercice

A. Fill in the blank with an appropriate form.

1) une place (public   )
2) un (nouveau   ) ami
3) des queues (long   )
4) un si (beau   ) homme
5) des bateaux (bleu marine   )
6) une voix (doux et frais   )
7) des dames (gros et gentil   )
8) des monuments (beau et nouveau   )

B. Fill in the blank with an appropriate form.

1) Voici une (beau   ) jeune fille.
2) Voilà un (vieux   ) homme.
3) Il regarde une dame (vieux   ) et (charmant   ).
4) Elle rencontre des hommes (gentil   ) et (beau   ).
5) La mère de Paul est très (sportif   ).
6) Ces jeuns filles sont (parisien   ).
7) Elle cherche une (nouveau   ) voiture.
8) Elle est (fier   ) de ses parents.
9) Ce sont garçons (paresseux   ).
10) Mais Sophie n'est pas (paresseux   ).
11) Voilà une chienne (blanc   ).
12) Voici une maison (neuf   ).

C. Make a plural form of the given expression.

    1) Voici un homme gros.

    2) Voilà une belle voiture.

    3) Voilà un bel hôtel magnifique.

    4) Ils gardent un animal sauvage.

    5) Il cherche un chien intelligent.

    6) Elle cherche une belle résidence.

    7) Elles vont acheter une robe chère.

    8) Mes parents rencontrent un vieil ami.

    9) Elle se promène avec un ami français.

    10) Elle cherche un homme sociable et réaliste.

D. Complete the expression. (free response possible)

    1) A mon avis(In my opinion), l'homme idéal est _____

    2) A mon avis, le(la) camarade idéal(e) est _____

    3) A mon avis, le professeur idéal est _____

    4) A mon avis, le président idéal est _____

Tip!

You are now learning french language. But by learning french in english, you have an advantage of learning simultaneously two languages, french and english. Now you would have learned that there are so many english words similar to those of french. You would think that english is not so different from french. In some case, you have only to change the pronunciation in order to express in other language, from french to english and vice versa. If you have no difficulty in understanding the text written here, you are able to continue this study without any inconvenience. Because you will find the repetition of the similar(even same) expressions that you have learned until now.

Do you agree with me? (Vous êtes d'accord avec moi?)

    ■ If you continue this study, you will learn french and english simultaneously.

Une page de culture

Les types de familles en France
프랑스의 가족 형태

프랑스에서 예전에는 대가족이 중심이었으나 오늘날에는 가족의 유형이 변화하고 있다. 특히 1960년대 이후로 가족 개념이 바뀌기 시작하여 다양한 형태의 가족이 생겨나고 있다.

1) la famille élargie 대가족

조부모 또는 삼촌이나 숙모 등과 함께 가정을 이루어 살고 있는 전통적인 대가족 형태이다.

2) la famille nucléaire 핵가족

부부가 아직 미혼 자녀를 두고 있는 가정으로 오늘날 전형적인 가족 형태이다.

3) la famille recomposée 재혼 가족

부모 중의 한명이 재혼하여 이루어진 가정으로 자녀는 재결합한 부부의 어느 한쪽하고만 친자 관계에 놓여 있다.

4) la famille monoparentale 단일 부모 가족

배우자가 없이 자녀와 함께 가정을 이루고 있는 형태이다.

5) la famille homoparentale 동성 부모 가족

부부가 동성으로 이루어진 가정 형태이다.

1960년대 이후 이혼율의 증가와 함께 단일 부모 가족 및 재혼 가족의 숫자가 점차로 증가하고 있다.

- Le ménage 가구

법적인 부부관계이건 아니건 또는 부모와 자식 관계이건 아니건 상관없이 한 지붕 밑에서 다수의 사람이 가정을 꾸미고 살고 있는 경우를 말하는데 예로 동거를 들 수 있다. 가구는 미시 경제의 기본 단위가 되며 프랑스에서는 이러한 가구의 숫자는 증가하나 동시에 가구당 구성원의 숫자는 줄고 있는 추세이다.

Leçon 19. Allez tout droit.

> A : Madame, je cherche la rue Mouffetard, s'il vous plaît.
> B : Allez tout droit devant vous, et tournez vers la droite au troisième feu.
> A : Merci beaucoup Madame.
> B : Je vous en prie.

La conjugaison du verbe ALLER

Je	vais	Nous	allons
Tu	vas	Vous	allez
Il/Elle/on	va	Ils/Elles	vont

Je vais à Paris. — I go to Paris.
Vous allez à l'université Paris IV? — Do you go to the university Paris IV?
Est-ce que tu vas à l'école? — Do you go to school?

- **Note that the verb ALLER is combined with the preposition 'à'.**
  Look at the following expressions:

Est-ce que vous allez à l'école? — Do you go to school?
Oui, je vais à l'école. — Yes, I go.
*Oui, je vais. → This expression is incomplete.

L'impératif Imperative

- **How to make an imperative sentence?**

One puts the verb at the initial position, after having eliminated the subject. The imperative expression is possible for the second person singular/plural and the first person plural. The expression of the first person plural is not an order but a suggestion, the speaker being included.

Tu regardes le tableau noir. — You look at the blackboard.
→ Regarde le tableau noir! — Look at the blackboard.
Vous regardez le tableau noir. — You look at the blackboard.
→ Regardez le tableau noir! — Look at the blackboard.

- **Attention!**

Pay attention to the elimination of 's' for the second person singular when the verb belongs to the first group. The elimination of 's' is taken place also for the verb ALLER.

    Tu manges de la salade. → Mange de la salade.

    Tu appelles l'ambulance. → Appelle l'ambulance.

    Tu vas à l'école. → Va à l'école!

For the expression of the 1st person plural, the method is same as mentioned above. This expression is not an order, but a suggestion or recommendation.

    Nous regardons le tableau noir. → Regardons le tableau noir!
                          Let's look at the blackboard.

    Nous prenons le métro. → Prenons le métro.
                    Let's take the subway train.

- *Allons plus loin!*

If the 1st personal pronoun is used as an object of the transitive verb, one takes the tonic form of the pronoun. (*The explanation is done later for the tonic form of pronoun.*)

   cf.   Écoute-moi bien!   Listen to me!

          Regardez-moi!   Look at me!

- **Attention please!!!!!**

1. For the verbs AVOIR et ÊTRE, one uses irregular command forms.

    Tu as du courage. → Aie du courage!   Have a courage!

    Nous avons du courage. → Ayons du courage!   Let's have a courage!

    Vous avez du courage. → Ayez du courage!   Have a courage!

    Tu es gentil, Paul. → Sois gentil, Paul.   Be kind, Paul.

    Nous sommes tranquilles. → Soyons tranquilles!   Let's be quiet.

    Vous êtes gentilles, Mesdemoiselles. → Soyez gentilles, Mesdemoiselles!

2. For the negative imperative:

The word order remains unchanged from the ordinary sentence. You have only to eliminate the subject.

Tu ne regardes pas la télé. → Ne regarde pas la télé!
Tu n'es pas méchant. → Ne sois pas méchant!   Don't be wicked.
Tu n'as pas peur. → N'aie pas peur!   Don't be afraid.
Nous ne prenons pas de dessert. → Ne prenons pas de dessert!
Vous n'avez pas peur. → N'ayez pas peur!   Don't be afraid.

La contraction Contraction

- **The contraction is occurred between the preposition 'à/de' and the definite article 'le/les'.**

à + le = au	à + les = aux
de + le = du	de + les = des

On va au restaurant.   We go to the restaurant.
Elle va aux États-Unis.   She goes to the U.S.A.
Voilà la clé du gardien.   Here is the key of guardian.

The contraction is not occurred with the article ⟨la⟩.

Elle va à la boulangerie.   She goes to the bakery.
Voilà la clé de la gardienne.   Here is the key of guardian.

- **Attention to a modified contraction!**

If the word begins with a vowel or a mute h, the contraction is realized in different ways.

à + le = à l' + vowel sound
de + le = de l' + vowel sound

Elle va à l'hôpital.   She goes to the hospital. (hôpital = m.)
J'ai mal à l'estomac.   I have a stomachache. (estomac = m.)
Nous parlons de l'examen.   We talk about the exam. (examen = m.)

Exercice

A. Conjugate the verb ALLER.

1) Je (   ) à la piscine.
2) Tu (   ) au café?
3) Pierre et moi (   ) au jardin.
4) Philippe (   ) au stade de France.
5) Jeanne et toi (   ) au grand magasin?
6) Les parents de Marie (   ) au supermarché.

B. Transform the sentence into an imperative expression.

1) Tu es sage.
   →
2) Tu vas chez Michel.
   →
3) Tu n'es pas paresseux.
   →
4) Tu n'achètes pas cet article.
   →
5) Tu n'entres pas dans cette salle.
   →
6) Tu envoies ce colis à ton oncle.
   →
7) Vous n'êtes pas triste.
   →
8) Vous ne mangez pas trop.
   →
9) Vous avez de la patience.
   →
10) Nous sommes tranquilles.
    →
11) Nous avons du courage.
    →
12) Nous n'appelons pas l'ambulance.
    →

Leçon 20. Je viens avec toi.

A : Où vas-tu?
B : Je vais au supermarché. Tu viens avec moi?
A : O.K. Je vais avec toi. Mais qu'est-ce que tu vas acheter?
B : Je vais acheter beacoup de choses.

Les pronoms Pronouns

Je	viens	Nous	venons
Tu	viens	Vous	venez
Il/Elle/On	vient	Ils/Elles	viennent

* Same conjugation for the verbs: prévenir, tenir, retenir, etc.

Jackie vient du Canada.   Jackie comes from Canada.
Nous venons d'apprendre une chanson française.
    We finished learning a french song a few minutes ago.
Ses amis reviennent des Philippines.   Her(His) friends come back from Philippines.

- **Note that the verbe VENIR is often combined with the preposition 'de'.**

    Il vient de France.   He comes from France.
    Nous venons de la bibliothèque.   We come from the library.
    Elle revient du Japon.   She comes back from Japan.

- **Attention to the contraction of words!**

    1. In case where the word begins with a vowel or a mute h:
       Elle vient de l'hôpital.   She comes from the hospital.
       Elles rentrent de l'école.   They come back from school.

    2. Compare the expressions below:
       Il parle de la littérature.   He talks about the literature.
       Il parle de l'aventure.   He talks about the adventure.

• *Allons plus loin!!!*

Le futur proche Near future

```
ALLER + Infinitif = futur proche
```

Il travaille au restaurant.   He works in the restaurant.
→ Il va travailler au restaurant.   He will soon work in the restaurant.

Nous arrivons à la gare.   We arrive at the station.
→ Nous allons arriver à la gare.   We will soon arrive at the station.

• *Information utile!*

For the sentence 〈On va manger dans un restaurant.〉, one can interpret it by 〈We go to eat in a restaurant.〉 The exact meaning is determined by the context.

Le passé récent Recent past

```
VENIR DE + Infintif = passé récent
```

Elle écoute la musique.   She listens to the music.
→ Elle vient d'écouter la musique.   She finished listening to the music a few minutes ago.

Nous jouons au tennis.   We play tennis.
→ Nous venons de jouer au tennis.   We finished playing tennis some time ago.

• **Le verbe JOUER**

This verb can be followed by a preposition 'à' or 'de'. When it is followed by 'à', it means playing game or sport. When it is followed by 'de', it means playing musical instrument.

Pierre joue au tennis.	Pierre plays tennis.
Jeanne joue à la natation.	Jeanne plays swimming.
Marie joue du piano.	Marie plays piano.
Marjolaine joue de la guitare.	Marjolaine plays guitar.

Exercice

A. Conjugate the verb VENIR.

Je		Nous	
Tu		Vous	
Il		Ils	

B. Fill in the blank with an appropriate expression.

1) Mon ami joue très bien (   ) guitare.
2) Est-ce que tu joues (   ) tennis?
3) Non, je joue (   ) aérobic.
4) Est-ce que vous jouez (   ) natation?
5) Non, nous jouons (   ) volleyball.
6) Mon ami et moi, nous jouons (   ) piano.
7) Allons jouer ensemble (   ) baseball.
8) Mon père joue (   ) flûte tous les samedis.

C. Transform the sentence into an expression of near future.

1) Nous chantons une chanson.
2) Ils obéissent à leurs parents.
3) Vous préparez une cuisine.
4) Tu appelles une ambulance.
5) Elle répète la question trois fois.
6) J'achète un ordinateur et un USB.

D. Transform the sentence into an expression of recent past.

1) Je paie l'addition.
2) Pierre appelle un taxi.
3) Nous avançons lentement.
4) Elles apportent des cadeaux.
5) Il achète un nouveau caméra.
6) Tu envoies une carte au directeur.

Unité IV Tables des matières

Leçon 21. Je voudrais aller à la tour Eiffel.
Leçon 22. Tu pars quand?
Leçon 23. Nous allons de Nice à Cannes.
Leçon 24. Combien de temps met-on pour y aller?
Leçon 25. Tournez à qauche.
Leçon 26. Moi, je veux un gâteau au miel.

Leçon 21. Je voudrais aller à la tour Eiffel.

A : Excusez-moi, Madame. Je voudrais aller à la tour Eiffel.
B : Vous y allez comment? En métro?
A : Oui, en métro.
B : Alors, prenez le métro là-bas.
A : C'est direct?
B : Non. Changez de métro à la station Pasteur en direction de la station Charles de Gaulle-Étoile. Et Descendez à Trocadéro.
A : Merci beaucoup, Madame.
B : Je vous en prie.

Je voudrais ...	I would like ...

- This expression transfers a meaning of politeness. It can be followed by an infinitive or a noun. The verb is used in a conditional mode.

Je voudrais savoir votre numéro de téléphone, s'il vous plaît.
   I want to know your telephone number, please.
Je voudrais acheter un carnet de métro.
   I want to buy a bundle (ten) of tickets for the subway train.

Je voudrais un café, s'il vous plaît.	I want a coffee, please.
Je voudrais un timbre, s'il vous plaît.	I want a stamp, please.
Je voudrais continuer.	I want to continue.
Je voudrais ceci.	I want this one.

La préposition EN Preposition EN

- Uses

1. Before the name of country which belongs to a feminine gender.

en France, en Corée, en Allemagne, en Angleterre

- **Attention!**

en Irak, en Iran: The name of these countries belongs to a masculine gender, but it begins with a vowel.

Compare: au Japon, au Canada, au Vietnam

2. Before the name of region.

en Bretagne, en Alsace, en banlieue parisienne

3. Before the expression of transportation.

en voiture	by car
en train	by train
en avion	by airplane
en bus	by bus

• **Attention!**

à pied	on foot
à cheval	on horseback
à bicyclette	by bicycle

4. Before the expression of time.

en 2016	in the year 2016
en une heure	during one hour
en été, en automne, en hiver	in summer, ...
Watch out!: au printemps	in spring

5. Before the name of languages.

en coréen, en français, en anglais, en chinois

6. For the ingredients of objects.

en or, en acier, en coton, en bois
C'est une bague en or.   This is a gold ring.
C'est une table en bois.   This is a wooden table.

7. En direction de ...   in the direction of

Nous partons en direction de Rome.   We start in the direction of Roma.

 Exercice

A. Fill in the blank with an appropriate preposition or expression.

1) (   ) Sénégal   2) (   ) Irak
3) (   ) bus   4) (   ) voiture
5) (   ) pied   6) (   ) bicyclette
7) un collier (   ) diamand 8) (   ) printemps

Leçon 22. Tu pars quand?

> A : Tu pars quand?
> B : Je pars demain.
> A : Alors qu'est-ce que tu prends?
> B : Je prends le T.G.V.

Now let's begin learning how to conjugate the verbs of third group. They are irregular. I recommend you to memorize the conjugation of some important irregular verbs. When you meet one of these irregular verbs, you had better to consult the dictionary. There exists a dictionary of verbs in France and you can find it in Korea also. All the french verbs are presented with their conjugation.

La conjugaison du verbe PARTIR

Je	pars	Nous	partons
Tu	pars	Vous	partez
Il	part	Ils	partent

* Same conjugation for the verbs: sentir, mentir, repartir, repentir, sortir, dormir, endormir, etc.

Vous partez pour Paris?	Do you leave for Paris?
Le train part à quelle heure?	The train starts at what time?
Nous partons en T.G.V.	We start by T.G.V.

* T.G.V. = Train à Grande Vitesse

La conjugaison du verbe PRENDRE

Je	prends	Nous	prenons
Tu	prends	Vous	prenez
Il	prend	Ils	prennent

* Same conjugation for the verbs: apprendre, comprendre, reprendre, surprendre, etc.

Je prends un taxi.	I take a taxi.
Vous prenez un café?	Do you take a coffee?
Elles prennent l'avion pour y aller.	They take a plane to go there.
On prend un rendez-vous?	We take an appointment(meeting)?
Nous prenons la direction du sud.	We take the south direction.

A : Est-ce que tu vas à la bibliothèque?
B : Oui, j'y vais maintenant.

Le pronom Y Pronoun Y

This is one of the neutral pronouns existing in french. The neutral pronoun Y represents something related to a place or a direction. You must pay attention to the position of the pronoun. Like other pronouns used as an object, it is placed before the verb.

Je vais à Paris.	→ J'y vais.
Elle va à l'école.	→ Elle y va.
Nous partons pour Rome.	→ Nous y partons.
Il est dans sa chambre.	→ Il y est.
Elle reste sur les Champs-Élysées.	→ Elle y reste.
Ils mangent dans un restaurant.	→ Ils y mangent.

 Exercice

A. Conjugate the given verb.

	sortir	mentir	dormir	repentir	comprendre
Je					
Tu					
Il					
Nous					
Vous					
Ils					

B. Rewrite the sentence by using the neutral pronoun Y.

1. Nous sommes dans la salle de classe.
2. Est-ce que tu vas à Paris?
3. Je ne vais pas au Japon.
4. Elles posent des sacs sur l'étagère.
5. On prend le métro à la station Pasteur.
6. Nous partons en direction de Busan.

Leçon 23. Nous allons de Nice à Cannes.

> A : Où allez-vous cet été?
> B : Nous allons d'abord à Nice. Et nous allons de Nice à Cannes à vélo.

La préposition À Preposition À

This is one of the most frequently used words in french. This word is used in many situations.

- **Uses**

1. It refers to a place.

   à Paris, à Séoul, à Kwangju

2. It indicates the place of destination.

Il va de Séoul à Paris.	He goes from Seoul to Paris.
Nous allons aux États-Unis.	We go to the U.S.A.
une tasse à café	a coffee cup (vacant cup)
compare with ⟨une tasse de café⟩	a cup of coffee

3. It represents an indirect object of the verb.

Il donne un roman à Julie.	He gives a novel to Julie.
J'envoie une lettre à une martienne.	I send a letter to a Martian.

4. It refers to a time.

Le train part à 6 heures.	The train starts at 6 o'clock.
On mange à midi.	We eat at noon.
Elle dort à minuit.	She sleeps at midnight.

5. It refers to a belongings.

Cette voiture est à Paul.	This car belongs to Paul.
Ce portable est à Jean.	This mobile phone is Jean's.
C'est une lettre à moi.	This is my letter.

6. It refers to a price.

Un bonbon à 1 euro	a candy worth 1 euro
à bas prix	at low price

La préposition DE Preposition DE

Besides the preposition 'À', DE is also one of the words most frequently used in french.

• **Uses**

1. A place of departure.

de Séoul, de Busan, de France, du Japon

2. A time of beginning.

du 15 avril jusqu'au 30 avril	from April 15th to April 30th
de 16 heures à 18 heures	from 16 to 18 o'clock

3. The reason.

Il est puni de ses fautes.	He is punished by his faults.
Nous sommes heureux de sortir ce soir.	We are happy to go out this evening.

4. The author.

Un roman de Balzac — a novel of Balzac

5. The belongings.

la voiture de Pierre — the car of Pierre

- In english, one can formulate ⟨Peter's car⟩. But this kind of expression does not exist in french.

6. The involvement.

une tasse de café — a cup of coffee (coffee contained)

7. The totality or a part of the totality.

l'un de nous — one of us

8. The apposition.

la ville de Paris — Paris city

9. The agent.

Victor Hugo est aimé de tous. — Victor Hugo is loved by all the people.

Exercice

A. Fill in the blank with an appropriate preposition(or expression).

1) Je vais (   ) Bretagne.
2) Mais elle va (   ) Nice.
3) Est-ce que vous revenez (   ) Rome?
4) Cette chaise est (   ) acier.
5) Elle joue bien (   ) piano.
6) Nous jouons ensemble (   ) football.
7) Mes amis vont (   ) la montagne (   ) pied.
8) (   ) Allemagne, on parle allemand.
9) (   ) Vietnam, on parle vietnamien.
10) (   ) printemps, il y a des fleurs.
11) (   ) août, nous avons des vacances.
12) Est-ce que tu vas (   ) Busan (   ) train?
13) Le train part (   ) quelle heure?
14) La ville (   ) Séoul est magnifique.
15) Elle va acheter une bague (   ) or.
16) Est-ce que vous allez (   ) cinéma?
17) On va (   ) Paris (   ) Rome.
18) Nous allons acheter un ordinateur (   ) 1200 euros.
19) On mange (   ) midi et demi?
20) Elle prend un sac (   ) papiers.

B. Conjugate the given verb.

1) Nous (prendre   ) l'avion.
2) Elle (venir   ) d'acheter un diamand.
3) Ils (aller   ) chercher leur voiture.
4) Il (partir   ) pour les États-Unis.
5) Ils (revenir   ) du Vietnam.
6) Tu (prendre   ) un vélo?
7) Vous (repartir   ) maintenant?
8) Je ne (prendre   ) pas le dessert.
9) Elles ne (prendre   ) pas le repas.
10) Nous (apprendre   ) le français.
11) Vous (apprendre   ) aussi le français?
12) Tu (revenir   ) demain.

Une page de poème

Le cancre — Jacques Prévert
열등생 자끄 프레베르

Il dit non avec la tête	그는 머리로는 아녜요 하지만
mais il dit oui avec le coeur	마음으로는 그래요 하지요
il dit oui à ce qu'il aime	자기가 좋아하는 것에는 그래요 하지만
il dit non au professeur	선생님한테는 아녜요 하고요
il est debout	그가 일어나자
on le questionne	애들이 걔에게 질문해대요
et tous les problèmes sont posés	모든 문제들이 제기되는 거예요
soudain le fou rire le prend	그러다 갑자기 크게 웃어대는 거예요
et il efface tout	그리고는 칠판을 깨끗이 지우더군요
les chiffres et les mots	숫자, 단어
les dates et les noms	날짜, 이름
les phrases et les pièges	문장과 책략도 말예요
et malgré les menaces du maître	선생님이 재촉해도
sous les huées des enfants prodiges	요란스런 애들의 함성에
avec les craies de toutes les couleurs	가지각색의 분필로
sur le tableau noir du malheur	불쌍한 칠판 위에다
il dessine le visage du bonheur	그는 행복한 얼굴을 그리지요.

un poème tiré de 〈Paroles〉 de J. Prévert

 Exercice

- Transform the subject IL into JE and rewrite the poem.

If it is difficult for you because of the pronouns object, you can do it after having learned the pronouns object presented at lessons 32~33.

Je dis non avec la tête

Mais je _____

_____

_____

Leçon 24. Combien de temps met-on pour y aller?

A : Qu'est-ce que vous faites?
B : Je suis en train de chercher le chemin pour aller à l'Opéra.
A : Comment vous y allez? À pied?
B : Oui, à pied. Combien de temps met-on pour y aller?
A : On met environ un quart d'heure d'ici.
B : Oh, ce n'est pas loin d'ici.
A : Non, ce n'est pas loin.

La conjugaison du verbe FAIRE

Je	fais	Nous	faisons
Tu	fais	Vous	faites
Il	fait	Ils	font

* Same conjugation for the verbs: défaire, refaire, satisfaire, etc.

Qu'est-ce que vous faites?	What are you doing?
Nous faisons un travail dur.	We are doing a hard work.
Deux et cinq font sept.	Two plus five equals seven.
Que fait-il dans la vie?	What is his job?

- **The verb FAIRE is largely used in the idiomatic expressions.**

faire attention (à)	pay attention (to)
faire la connaissance (de)	make the acquaintance (of), meet
faire les courses	do the shopping
faire la cuisine	cook
faire ses devoirs	do the homework
faire la lessive	do the laundry
faire le marché	go to the market
faire le ménage	do the housework
faire une promenade	take a walk
faire la queue	stand in line
faire un tour	take a round
faire la vaisselle	clean the dishes
faire un voyage	take a trip
faire + adj.	the weather is ...
faire du sport	do sports

Enchanté de faire votre connaissance.   Glad to meet you.
Ma femme fait la cuisine et moi, je fais la vaisselle.
                                         My wife cooks and I clean the dishes.
Faites attention!   Watch out!
Faire du sport, faire du jogging, faire du ski, faire de l'aérobic, etc.

A : Combien de temps met-on pour y aller?
B : On met environ un quart d'heure d'ici.

La conjugaison du verbe METTRE

Je	mets	Nous	mettons
Tu	mets	Vous	mettez
Il	met	Ils	mettent

* Same conjugation for the verbs: admettre, commettre, omettre, permettre, promettre, remettre, soumettre, transmettre, etc.

Elle met le livre sur la table.	She puts the book on the table.
Vous mettez votre manteau?	Do you wear your overcoat?
Il met son nom sur un album.	He writes his name on an album.
On met trois heures pour y arriver.	We take three hours to arrive there.

COMMENT ...? How ...?

1. It's an adverb used to express a method or a manner.

Comment allez-vous?	How are you going?
Comment vous y allez?	How do you go there?
Tu vas faire ça comment?	How do you do this thing?

2. To express an exclamation.

Comment! Tu es encore là?	What! You are still here?

COMBIEN DE ...? How many ...?

- **This expression is used to ask the quantity. It can be translated by 'how many' or 'how much' in english. 'Combien de' is followed by a noun.**

Combien de temps met-on pour aller de Séoul à Paris?
   How many hours does it take to go from seoul to Paris?
Combien de personnes y a-t-il dans cette salle?
   How many people are there in this room?
Combien d'argent avez-vous?   How much money do you have?
Depuis combien de temps apprenez-vous le français?
   From how many years (when) do you learn french?

• **Other uses**

1. The word COMBIEN can be used as an interrogative adverb.

Combien coûte ce sac?	How much does it cost, this bag?
Ça fait combien?/Combien vous dois-je?	How much do I owe you?

2. As a noun.

On est le combien?	What day (of a month) is it today?
Le combien êtes-vous?	What is your grade?

QU'EST-CE QUE ...?   What ...?

1. Qu'est-ce que c'est?   What is it?/What are these(those)?

In this expression, ⟨qu'est-ce que⟩ plays a role of complement which refers to the subject.

As you learned this expression before, the question ⟨Qu'est-ce que c'est?⟩ remains unchanged regardless of the number of the objects.

Qu'est-ce que c'est? - C'est un PMP.	It's a PMP.
Qu'est-ce que c'est? - Ce sont des robes.	They are clothes.

 - C'est quoi? = Qu'est-ce que c'est?   (same meaning)
One says that ⟨quoi⟩ is a tonic form, ⟨que⟩ is a non-tonic form.

2. Qu'est-ce que vous faites?   What do you do?

Qu'est-ce qu'ils font?	What do they do?
Qu'est-ce que tu regardes?	What do you see?

In this case, ⟨qu'est-ce que⟩ plays a role of direct object of the transitive verb.

• *Allons plus loin!*

One uses the tonic form in next expressions:

- Vous faites quoi?	What do you do?
- Ils font quoi?	What do they do?
- Tu regardes quoi?	What do you look at?

Je suis en train de chercher le chemin pour aller à l'Opéra.

ÊTRE EN TRAIN DE + infinitif Be + ...ing

- **This expression transfers the meaning of ongoing action. One can't use this expression for the description of non-movement.**

    Je cherche la clé.   → Je suis en train de chercher la clé.
      I look for the key.   I'm looking for the key.
    Nous jouons au tennis. → Nous sommes en train de jouer au tennis.
      We play tennis.   We are playing tennis.
    Elles regardent la télé. → Elles sont en train de regarder la télé.
      They watch TV.   They are watching TV.

- **Compare the expressions:**

    Marie regarde la télé.   Marie looks at the TV.
       Marie va regarder la télé.   (near future)
       Marie est en train de regarder la télé.   (in process)
       Marie vient de regarder la télé.   (recent past)

- **Allons plus loin!**

    1. The ongoing action can be occurred in a moment of past or future.
        Nous étions en train de regarder la télé, quand il a commencé à pleuvoir.
          We were looking at the TV, when it began to rain.
        Ils seront en train de manger demain à cette heure-ci.
          They will be taking a meal tomorrow at this time.
        (For the information over the past and the future tense, refer to the explanation given in the pages which follow.)

    2. Another expression: to transfer a meaning of imminence.
        Le train est sur le point de partir.   The train is about to start.
        Le cinéma est sur le point de commencer.   The cinema is about to begin.

Exercice

A. Conjugate the verbs.

	refaire	satisfaire	admettre	permettre
Je				
Tu				
Il				
Nous				
Vous				
Ils				

B. Transform the sentence into english.

1) Faites attention au pied!

2) Je suis enchanté de faire votre connaissance.

3) On va faire une promenade?

4) Ma femme fait les courses tous les samedis.

5) Ils vont faire la vaisselle tous ensemble.

6) Les jeunes aiment faire du sport.

C. Answer the question.

1) Combien de mois y a-t-il dans une année?   -

2) Combien de jours y a-t-il au mois de février?   -

3) Combien de jours y a-t-il dans une semaine?   -

4) Combien de temps met-on de Séoul à Busan en KTX?   -

5) Combien de temps met-on de Séoul à Paris?   -

6) Combien coûte votre sac?   -

7) Vous payez combien pour votre portable par mois?   -

D. Transform the given sentence into an ongoing action.

1) Mireille fait la cuisine.   -

2) Nous chantons une chanson française.   -

3) Ils regardent un film d'aventure.   -

4) Les amies de Sylvie jouent au foot.   -

5) Tu télépones à ta mère?   -

6) Vous faites un voyage?   -

Une page de chanson

Non, je ne regrette rien

Edith PIAF

Non! Rien de rien
Non! Je ne regertte rien
Ni le bien qu'on m'a fait
Ni le mal tout ça m'est bien égal

Non! Rien de rien
Non! Je ne regrette rien
C'est payé, balayé, oublié
Je me fous du passé

Avec mes souvenirs
J'ai allumé le feu
Mes chagrins, mes plaisirs
Je n'ai plus besoin d'eux

Balayées les amours
Avec leurs trémolos
Balayés pour toujours
Je repars à zéro

Non! Rien de rien
Non! Je ne regertte rien
Ni le bien qu'on m'a fait
Ni le mal tout ça m'est bien égal

Non! Rien de rien
Non! Je ne regrette rien
Car ma vie, car mes joies
Aujourd'hui, ça commence avec toi

 Exercice

1) Do you know Edith PIAF? Who is she?
2) What is the theme of this song?

Leçon 25. Tournez à gauche.

A : Pardon, Madame. Je cherche la poste, s'il vous plaît.
B : Oh, là là. Vous êtes perdu.
Pour aller à la poste, vous allez tout droit et tournez vers la gauche au troisième feu.
Et puis, si vous prenez la deuxième rue à droite, vous allez arriver devant la poste.
A : Merci beaucoup, Madame.
B : Ce n'est rien.

Expressions of direction

Allez tout droit!	Go straight.
Tournez à gauche.	Turn to the left.
Tournez à droite.	Turn to the right.
Tournez vers la gauche.	Turn to the left direction.
Prenez la troisième rue à gauche.	Take the third road on your left.
Prenez la deuxième rue à droite.	Take the second road on your right.
Faites un demi-tour.	Return back.

- **Four directions:**

l'est - l'ouest - le sud - le nord - (le centre)
east   west   south   north - (center)

- **Some useful expressions:**

Je suis perdu.	I am lost (on the road.)
Elle est perdue.	She is lost.

La négation Negation

NE ... RIEN / RIEN ... NE	nothing

Elle ne fait rien.	She does nothing.
Il n'aime rien.	He likes nothing.
Je n'ai rien à faire.	I have nothing to do.
Rien n'est parfait.	Nothing is perfect.

- ⟨Ne ... rien⟩ is opposite to ⟨quelque chose⟩.

Est-ce qu'il y a quelque chose dans la salle?   Is there something in the room?
Non, il n'y a rien dans la salle.   No, there is nothing in the room.

Quelque chose est en panne dans mon moteur.   Something is out of work in my motor.
Rien n'est en panne dans mon motor.   Nothing is out of work in my motor.

A : Est-ce qu'il y a quelqu'un dans la salle?
B : Non, il n'y a personne dans la salle.

La négation Negation

| NE ... PERSONNE / PERSONNE ... NE | nobody |

- ⟨Ne ... personne⟩ is opposite to 'QUELQU'UN'.

Est-ce que tu aimes quelqu'un?   Do you love someone?
   Non, je n'aime personne.   No, I love nobody.
Personne n'est content du directeur.   Nobody is satisfied with the director.
Personne ne sait où aller.   Nobody knows where to go.

Les pronoms indéfinis Indefinite pronouns

- ⟨Quelque chose, Quelqu'un⟩ are called the indefinite pronouns.

Some other indefinite pronouns: On, Certains, Chacun(chacune), Aucun(Aucune), Plusieurs, D'autres, Quelques-uns(Quelques-unes), etc.

Aucun de nous n'aime le serpent.   No one among us likes snake.
Chacun de nous doit lire ce roman.   Each of us must read this novel.
Je vais vous présenter quelques-uns de mes amis.   I will present you some of my friends

Parmi mes élèves, plusieurs sont coréens et quelques-uns sont chinois.
> Among my students, many are koreans and some are chinese.

Parmi les touristes, certains sont français et d'autres sont allemands.
> Among the tourists, certain are french and others are german.

Parmi les invitées, aucune n'est japonaise.
> Among the invited women, no one is japanese.

- **These pronouns are invariable.**

| Jean est quelqu'un d'intelligent. | Jean is an intelligent some one. |
| Jeanne est quelqu'un d'intelligent. | Jeanne is an intelligent some one. |

A : J'ai plusieurs amis français.
B : Moi aussi, j'ai quelques amis français.

Les adjectifs indéfinis Indefinite adjectives

- **They are used for the expression of quantity.**

J'aime chaque élève.   I like every student.

Le professeur regarde tous les étudiants (toutes les étudiantes)
> The teacher looks at all the students.

Aucun élève n'arrive à l'heure.   No student arrives on time.

Certaines étudiantes sont très intelligentes.
> Some (female) students are very intelligent.

- **Attention!**

	m.	f.
s.	tout le monde	toute la famille
pl.	tous les étudiants	toutes les étudiantes

- **Compare:**

tous les jours = chaque jour = every day

toutes les nuits = chaque nuit = every night

tous les deux jours = every two days

Exercice

A. Look at the picture and express the way to the destination.

1)

2)

3)

4)

B. Make a dialogue about the direction or about the information of transportation.

1) S'il vous plaît, Madame. Je voudrais aller au palais Kyoungbok.
   (Imagine that you are now at Namdaemun.)
   Your response:

2) Comment puis-je aller à la mairie de Séoul?
   (Imagine that you are now at Sinchon.)

C. Answer the question negatively.

1) Tu as quelque chose à dire?
   - _____

2) Est-ce qu'ils ont besoin de quelque chose?
   - _____

3) Est-ce que quelqu'un reste dans la salle?
   - _____

4) Est-ce que vous aimez quelqu'un?
   - _____

5) Est-ce que tu cherches quelqu'un d'intelligent?
   - _____

6) Est-ce que vous rencontrez toutes les invitées?
   - _____

Leçon 26. Moi, je veux un gâteau au miel.

A : Alors, Michel, qu'est-ce que tu prends comme dessert?
B : Moi, je choisis un gâteau au miel.
A : Et toi, Marjolaine?
C : Pour moi, je veux prendre un chocolat avec du fromage.
A : Et Sylvie, tu prends aussi un chocolat?
D : Ah non! Je ne prends jamais de chocolat.
   Je veux prendre tout simplement un café.
A : O.K. Entendu. On va demander ça au garçon.

Les pronoms toniques — Tonic pronouns

non-tonic	tonic	non-tonic	tonic
Je	Moi	Nous	Nous
Tu	Toi	Vous	Vous
Il/Elle	Lui/Elle	Ils/Elles	Eux/Elles

- The french has tonic pronouns differently from other languages. They are used in the following situations.

1. To emphasize the subject of a sentence.

Moi, je n'aime pas du tout les mathématiques.   As for me, I don't like mathematics at all.
Pierre, lui, il travaille beaucoup.   As for Pierre, he works hard.
Jeanne, elle, elle ne travaille point.   As for Jeanne, she doesn't work at all.
Eux, ils veulent partir.   As for them, they want to leave.
Elles, elles ne prennent jamais de viande.   As for them, they(female) never eat meat.

2. After the preposition.

Je travaille pour toi.   I work for you.
Venez chez moi.   Come to my house.
Tu joues au tennis avec lui?   Do you play tennis with him?
Nous jouons du piano avec elle.   We play the piano with her.
Elle est fière de ses enfants.   She is proud of her children.
→ Elle est fière d'eux.   She is proud of them.

• In english, the pronoun placed after the preposition is an objective form, but in french one uses the tonic form. The tonic form doesn't exist in english.

3. C'est ... / Ce sont ...

C'est moi.	It's me.
C'est lui.	It is he.
C'est elle.	It is she.
Ce sont eux.	It is they.

* ⟨C'est eux.⟩ is also acceptable.

4. With an imperative expression.

Donnez-moi de l'argent.	Give me some money.
Regarde-toi dans la glace.	Look at yourself in the mirror.

5. With a comparative expression.

Elle est plus grande que moi.	She is taller than I(me).
Il court plus vite que toi.	He runs faster than you.

6. With the exression ⟨aussi⟩, ⟨non plus⟩.

Je suis heureux. Moi aussi.	I am happy. So am I.
Elle n'est pas gentille. Lui non plus.	She is not kind. So is he.

La conjugaison du verbe VOULOIR

Je	veux	Nous	voulons
Tu	veux	Vous	voulez
Il	veut	Ils	veulent

* ⟨Je voudrais ...⟩ corresponds to a conditional mode of the verb VOULOIR.

- **This verb can be followed by an infinitive or a noun.**

Je veux sortir de la salle.	I want to go out from the room.
Vous voulez un café?	Do you want a coffee?

- **Attention!**

In case where a clause is followed with the conjunction QUE, one uses the subjunctive mode in the subordinative clause.

Je veux que tu reviennes vite.	I wish that you come again rapidly.
Nous voulons que vous soyez heureux.	We wish that you should be happy.

> Elle est plus grande que moi.
>
> Elle court moins vite que toi.

La comparaison Comparison

Superiority (+)	plus ... que	more ... than
Equality (=)	aussi ... que	as ... as
Inferiority (-)	moins ... que	less ... than

Sophie est grande. — Sophie is tall.
Sophie est plus grande que Jean. — Sophie is taller than Jean.
Sophie est aussi grande que Paul. — Sophie is as tall as Paul.
Sophie est moins grande que Michel. — Sophie is smaller than Michel.

Jeanne court vite. Jeanne runs fast.
Jeanne court plus vite que Marie. — Jeanne runs faster than Marie.
Jeanne court aussi vite que Sylvie. — Jeanne runs as fast as Sylvie.
Jeanne court moins vite que Fadel. — Jeanne runs slower than Fadel.

- **For the comparison of the nouns related to the quantity:**

Pierre a beaucoup de livres. — Pierre has many books.
Pierre a plus de livres que Paul. — Pierre has more books than Paul.
Pierre a autant de livres de Paul. — Pierre has as many books as Paul.
Pierre a moins de livres de Paul. — Pierre has less books than Paul.

Fréd gagne beaucoup. — Fréd earns much.
Amélie gagne autant que Fréd. — Amélie earns as much as Fréd.
Arnaud gagne moins que Fréd. — Arnaud earns less than Fréd.

- **Attention!**

Ce film est bon. — This film is good.
Ce film-ci est meilleur que ce film-là. — This film is better than that one.
La tomate est meilleure que le concombre. — Tomato is better than cucumber.

Le superlatif Superlative

| Superiority (+) | le/la/les + plus + Adjectif | le plus + Adverbe |
| Inferiority (-) | le/la/les + moins + Adjectif | le moins + Adverbe |

- **For the adjectives:**

Jean-Philippe est le plus grand de la classe.   Jean-Philippe is the tallest in the class.
Sophie est la plus belle de ma classe.   Sophie is the most beautiful in my class.
Elle est la plus petite de la classe.   She is the smallest in the class.
Ce sont les meilleurs élèves dans cette école. They are the best students in this school.

- **For the adverbs: one uses le definite article in masculine singular.**

Il court le plus vite dans la classe.   He runs the fastest in the class.
Elle court le moins vite dans la classe.   She runs the slowest in the class.
Minji travaille le mieux dans la classe.   Minji works the best in the class.
Ces trois garçons travaillent le mieux.   These three boys work the best.

- **Compare:**

ordinary form	comparative form	superlative form
bien	mieux	le mieux
beaucoup	plus	le plus
peu	moins	le moins

Pierre danse bien.   Pierre dances well.
Jean danse mieux que Pierre.   Jean dances better than Pierre.
Sylvie danse le mieux de ces trois.   Sylvie dances the best among the three.

Jeanne parle beaucoup.   Jeanne speaks much.
Françoise parle plus que Jeanne.   Françoise speaks more than Jeanne.
Mais Sylvie parle le plus des trois. But Sylvie speaks the most among the three.

Sédric lit peu.   Sédric reads little.
Roland lit moins que Sédric.   Roland reads less than Sédric.
Mais Eric lit le moins des trois.   But Eric reads the least among the three.

• **Attention au mots suivants!**

1. L'adjectif MAUVAIS Adjective MAUVAIS

ordinary form	comparative form	superlative form
mauvais(e,es)	pire plus mauvais(e,es)	le/la/les pire(s) le/la/les plus mauvais(e,es)

The comparative adjective PIRE is used for the comparison of the intensity or of gravity with the subjective judgement, and PLUS MAUVAIS is used for the objective value.

Le vin est mauvais pour la santé.	Wine is bad for the health.
La cigarette est pire que le vin.	Cigarette is worse than wine.
Les pires inventions de l'humanité	The worst inventions of humanity
la catastrophe → la pire catastrophe	the worst catastrophe

2. L'adjectif PETIT Adjective PETIT

ordinary form	comparative form	superlative form
petit(e,es)	moindre plus petit(e,es)	le/la/les moindre(s) le/la/les plus petit(e,es)

<u>Plus petit</u> is used for the comparison of objects or things which are concrete, for example, related to the concept of quantity or of size. And <u>moindre</u> is used for that of abstract or non-concrete things, for example related to a value, merit, etc.

La Corée est plus petite que la Chine.	Korea is smaller than China.
Un vin de moindre qualité	Wine of lesser quality
Une moindre récompense	a lesser compensation

* The difference between PIRE and PLUS MAUVAIS is similar to that between MOINDRE and PLUS PETIT.

Exercice

A. Conjugate the verb VOULOIR

1) Je -   2) Tu -   3) Il-   4) Nous -   5) Vous -   6) Ils -

B. Transform the underlined part into a pronoun and rewrite the sentence.

1) Allons chez Pierre.

2) Je fais un voyage avec mes parents.

3) Il travaille pour sa famille.

4) Elle est fière de ses filles.

5) Tu vas à Cannes avec Pierre et Sylvie.

6) Nous allons à Menton avec Jean et toi.

7) Vous mangez avec Jean et moi?

8) Il est avec Jeanne et Sylvie.

C. Fill in the blank with a comparative expression according to the model.

Model. (+) Aujourd'hui, la vie coûte plus cher qu'avant.

1) (=) Les femmes sont (   ) indépendantes (   ) les hommes.
2) (+) Les coréens d'aujourd'hui vivent (   ) longtemps (   ) avant.
3) (-) Le train coûte (   ) cher (   ) l'avion.
4) (+) Le mont Halla est (   ) haut (   ) le mont Jiri.
5) (+) Je mange (   ) de légume (   ) de viande.
6) (=) Elle mange (   ) de légume (   ) de viande.
7) (-) Les gens achètent (   ) livres (   ) autrefois.
8) (+) On fait (   ) attention au voleur (   ) avant.

D. Complete the sentence by a comparative expression.

1) Le mois de février est (   ) long (   ) le mois de mars.
2) Il fait (   ) froid en hiver (   ) en été.
3) Les jours sont (   ) longs en hiver (   ) en été.
4) Un kilo de sucre est (   ) lourd (   ) un kilo de coton.
5) Le TGV roule (   ) vite (   ) le train ordinaire.
6) Le train est (   ) rapide (   ) l'avion.
7) Le cheval court (   ) vite (   ) l'homme.
8) L'homme court (   ) vite (   ) la souris.

E. Complete the sentence with AUSSI, AUTANT or AUTANT DE.

> Model: Ne parle pas aussi vite!

1) Ne faites pas (   ) bruit!
2) Ne cours pas (   ) vite!
3) Ne mange pas (   ) viande!
4) Ne regardez pas (   ) la télé!
5) Ne travaillez pas (   ) tard.
6) Ne téléphone pas (   ) à tes amis.

F. Imitate the model.

> Jean / Paul: (+ être grand) → Il est plus grand que Paul.

+ superior   = equal   - inferior   ++/-- superlative

1) Jeanne / Sylvie: (- être grand)
   →

2) Sylvie / de la classe (++ être grand)
   →

3) La cigarette / le vin: (+ être mauvais)
   →

4) Paul / Jean: (= avoir beaucoup de livres)
   →

5) Je / Philippe: (= courir vite)
   →

6) Philippe / de sa classe: (-- courir vite)
   →

7) le vin / la bière: (+ être bon)
   →

8) Pierre / Jean: (+ travailler bien)
   →

9) Jina / Jinsou: (- avoir du travail)
   →

10) Jinhee / Jinsou: (= avoir du travail)
    →

Unité V

Table des matières

Leçon 27. Je lis le journal.
Leçon 28. Je n'aime plus le foot.
Leçon 29. Je ne vois rien.
Leçon 30. Il fait beau.
Leçon 31. Je me couche tard.
Leçon 32. Je crois qu'elle va arriver à l'heure.

Leçon 27. Je lis le journal.

A : Jacques, qu'est-ce que tu fais le samedi?
B : D'abord. Je lis les journaux le matin, et j'analyse les textes. Je fais la comparaison de plusieurs journaux.
A : Pourquoi tu lis plusieurs journaux.
B : Parce que je suis en train de préparer un rapport sur les textes des journaux. Et je veux devenir journaliste.

La conjugaison du verbe LIRE

Je	lis	Nous	lisons
Tu	lis	Vous	lisez
Il	lit	Ils	lisent

* Same conjugation for the verbs: élire, réélire, relire, etc.

Est-ce que tu lis le journal?   Do you read the newspaper?

Nous lisons ensemble le roman de Saint-Exupéry.

   We read altogether the novel of Saint-Exupéry.

Lisez cet article attentivement.   Read this article with attention.

L'emploi de l'article défini: la répétition   repetition

Mon père lit le journal le matin.
Mes parents vont à l'église le dimanche.

- **In this case, le matin or le dimanche refers to a repetition or a habit. The definite article contains the meaning of habitual act.**

  They transfer the same meaning as:

  Mon père lit le journal tous les matins.   My father reads the journal every morning.
  Mes parents vont à l'église tous les dimanches.   My parents go to church every Sunday.

- **Attention!**

  tous les dimanches = every Sunday

  Literally, tous les dimanches corresponds to all the sundays.

> A : Chérie, où est-ce que je mets ton sac?
> B : Tu mets ça devant la table.
> A : O.K. Encore d'autres choses?
> B : Ça va, merci, mon chéri.

Les prépostions Prepositions

The preposition is a word destined to make a connection between the words. The word succeeding the preposition is necessarily a noun or an equivalent, for example, a pronoun or an infinitive.

The preposition is one of the invariable words in french. It remains unchanged regardless of the number and the gender of the noun.

Invariable words: adverb, preposition, conjunction
Variable words: nom, pronoun, verb, adjective, article

- **Uses**

The preposition is used for the following situations.

1. Location, direction or distance
   devant, derrière, dans, en, entre, chez, sur, sous, ...
2. Time
   à, après, avant, depuis, pendant, ...
3. Method or means
   à, avec, de, par, sans, sauf, selon, ...
4. Purpose or goal
   à, pour, envers, ...

- **There are a group of words which serve as a preposition, called 'les locutions prépositives':**

à cause de, afin de, à l'abri de, à force de, à l'exception de, à l'insu de, à moins de, à partir de, à raison de, au lieu de, auprès de, autour de, avant de, d'après, du côté de, en dehors de, en dépit de, en face de, en faveur de, face à, faute de, grâce à, hors de, loin de, près de, quant à, etc.

Exercice

A. Conjugate the given verb.

1) Je (lire   ) un roman de Zola.
2) Nous (élire   ) un nouveau président.
3) Vous (relire   ) le texte d'autrefois.
4) On (réélire   ) le député.
5) Tu (relire   ) la bande dessinée?
6) Ils (lire   ) les journaux.

B. Complete with one of the prepositions 〈dans, sur, sous, à la〉.

1) Les vins sont (   ) la cave?
2) Non, ils sont (   ) l'étagère.
3) On mange (   ) un restaurant?
4) Non, on mange (   ) cantine.
5) Il fait beau (   ) la terrasse?
6) Oui, il fait aussi beau (   ) le salon.
7) On met des journaux (   ) le sac?
8) Non, vous mettez des journaux (   ) le panier.
9) Il y a un chat (   ) le balcon.
10) Il y a beaucoup de monde (   ) la rue.
11) Il y a des camions (   ) l'autoroute.
12) On voit l'actrice Béart (   ) télévision.

C. Make a sentence with the given words.

> Model: Un chat/Table/sur
>   → Un chat se trouve sur la table.

1) Le cinéma / poste / derrière
   →

2) La bibliothèque / cinéma / à côté de
   →

3) La mairie / Hôtel Plaza / en face de
   →

4) Le palais Deoksu / mairie / à côté de
   →

Une page d'information

미국의 대학생이 본
프랑스어를 배우는 75가지 이유

So, Why Should you Study French?
There are more than 75 good reasons!

1) It is not limited to one or two continents.
2) French is spoken in TWO of the G8 countries.
3) French is one of the official languages of the United Nations.
4) Paris hosts over 1,000 congresses annually - and a world record of international congresses
5) France has the world's greatest number of Nobel Prize winners in literature. (15)
6) France is the world's major tourist destination.
   (80 millions visit France annually)
7) Paris is considered the capital of the world in terms of quality of life
   (Healey and Baker)
8) France is Europe's foremost investor abroad.
9) France is renowned for the quality of its high-tech.
10) French is a major language of high-tech and business in the world.
    (Second language on the internet.)
11) Over 50,000 English words have their origin in French.
12) In terms of number of words, French is the largest language after English.
13) France offers a range of generous scholarships to our graduate students.
14) French is the most widely taught second language after English.
15) French is the official language of the International Red Cross.
16) French is the official language of post offices across the world.
17) French is one of the two official languages at the Olympic Games.
18) French-speaking Africa represents an area larger than the U.S.A.
....
http://faculty.kutztown.edu/dewey/why_french.htm

 Exercice

- For what reason do you learn french?
   Your answer:

Leçon 28. Je n'aime plus le foot.

A : Jacques, est-ce que tu aimes encore le foot?
B : Non, je n'aime plus le foot.
   Mais j'aime maintenant le baseball.
   Et toi, tu aimes toujours le foot?
A : Mais oui, je joue au foot tous les samedis.
B : Très bien.

La négation Negation

NE ... PLUS	not any more
Je n'aime plus la musique.	I don't like music any more.
Il ne fume plus.	He doesn't smoke any more.

- **This negation is opposite to the expression 'encore, toujours':**

J'aime encore la musique.	I like music until now.
Il fume toujours.	He smokes always.

NE ... JAMAIS	never
Il ne va jamais à la bibliothèque.	He never goes to the library.
Elle ne mange jamais de viande.	She never eats meat.
Je ne prends jamais de coca.	I never drink coca.

- **This negation is opposite to the expression 'souvent, toujours':**

Il va souvent à la bibliothèque.	He often goes to the library.
Elle mange souvent de la viande.	She eats often meat.
Je prends toujours du coca.	I drink always coca.

NE ... POINT	not at all
Elle n'est point contente.	She is not satisfied at all.
Je n'ai point d'argent.	I have no money at all.

- **This negation is opposite to the expression 'tout, assez':**

| Elle est toute contente. | She is very satisfied. |
| J'ai assez d'argent. | I have enough money. |

NE ... PAS ENCORE	not yet

| Elle n'est pas encore arrivée. | She is not yet arrived. |
| Je ne commence pas encore mon travail. | I don't begin my work yet. |

- **This negation is opposite to the expression 'déjà':**

| Elle est déjà arrivée. | She already arrived. |
| J'ai déjà fini mes devoirs. | I already finished my assignment. |

Exercice

A. Answer the question negatively.

1) Est-ce que tu apprends toujours la natation?
   Non,
2) Est-ce qu'il y a encore du vin?
   Non,
3) Est-ce que Sophie est assez contente?
   Non,
4) Est-ce que tes parents passent souvent au jardin?
   Non,
5) Est-ce que vous voulez encore du vin?
   Non,
6) Est ce que j'ai encore besoin de rester ici?
   Non,
7) Est-ce que tu as assez d'argent?
   Non,
8) Est-ce que le train est déjà arrivé?
   Non,
9) Est-ce qu'il pleut encore?
   Non,
10) Est-ce que tes voisins font encore du bruit?
    Non,

Leçon 29. Je ne vois rien.

A : Est-ce que tu vois la signalisation routière?
B : Non, je ne vois rien.
A : Oh, c'est bizarre. Il faut y avoir une signalisation.
B : D'accord. Je vais faire attention à la vitesse.
A : Oui, il faut faire attention.

La conjugaison du verbe VOIR

Je	vois	Nous	voyons
Tu	vois	Vous	voyez
Il	voit	Ils	voient

* Same conjugation for the verbs: entrevoir, prévoir, revoir, etc.

Je vois la montagne.	I see the mountain.
Nous voyons bien la situation.	We see the situation well.
Elle ne voit pas bien avec ses lunettes.	She doesn't see well with her glasses.
Oui, je vois.	Yes, I understand.

웃기는 동사변화 「째려 보다」= 째려 VOIR			
Je 째려 봐 vois	Nous 째려 봐용	voyons	
Tu 째려 봐 vois	Vous 째려 봐예	voyez	
Il 째려 봐 voit	Ils 째려 봐	voient	

Il faut + Infinitif/noun	must + Infinitive

This expression transfers a meaning of obligation or necessity.
⟨Il⟩ is an impersonal pronoun and the infinitive form of ⟨faut⟩ is FALLOIR.

Il faut manger pour survivre.	You/We must eat in order to survive.
Il ne faut pas trop manger.	We must not eat too much.
Pour faire du kimchi, il faut des choux, du sel, et du gochujang.	
To make kimchi, we need cabbage, salt, and red pepper.	

Exercice. Conjugate the verb VOIR

Je		Nous	
Tu		Vous	
Il		Ils	

Learn french in english

A : Est-ce que tu sais jouer à la voile?
B : Non, je ne sais pas.
  Mais j'ai envie d'apprendre ce jeu.
  Alors, tu essaies toujours de faire quelque chose de nouveau.
A : C'est passionnant de jouer sur la mer.

La conjagaison du vezbe SAVOIR

Je	sais	Nous	savons
Tu	sais	Vous	savez
Il	sait	Ils	savent

Same conjugation for the verb: resavoir.

Je sais lire l'allemand.	I know reading german.
Tu sais conduire?	Do you know how to drive?
Ils savent bien la Corée.	They know well Korea.

Les verbes SAVOIR et CONNAÎTRE

These two verbs express a capacity and the knowledge. ⟨Connaître⟩ is used with a noun and ⟨Savoir⟩ with a verb or a noun/nominal clause.

- **Savoir**

Elle sait nager.	She knows how to swim.
Je ne sais pas où je suis.	I don't know where I am.
Je sais qu'il n'est pas d'accord avec moi.	I know that he doesn't agree with me.

- **Connaître**

Ma fille connaît M. le Président.	My daughter knows the President.
Je connais votre adresse.	I know your address.
Nous connaissons bien votre avis.	We know well your opinion.

La conjugaison du verbe CONNAÎTRE

Je	connais	Nous	connaissons
Tu	connais	Vous	connaissez
Il	connaît	Ils	connaissent

Exercice

- **Fill in the blank with a verb SAVOIR or CONNAÎTRE.**

  1) Vous (   ) M. le Président? Non, je (   ) seulement son frère.
  2) Ma femme ne (   ) pas conduire. Elle ne (   ) pas le code de la route.
  3) Est-ce que tu (   ) qu'il est déjà tard? Oui, je (   ) bien.

La conjugaison du verbe ESSAYER

J'	essaie/essaye	Nous	essayons
Tu	essaies/essayes	Vous	essayez
Il	essaie/essaye	Ils	essaient/essayent

* Same conjugation for the verbs: payer, rayer, etc.

- **These verbs belong to the first group, but there is a little modification of form due to the sound system of french.**

J'essaie toujours de réussir à l'examen.	I always try to succeed in the exam.
Nous essayons de surmonter l'obstacle.	We try to overcome the obstacle.
Il paie/paye en espèce.	He pays in cash.
Elle raie/raye Jules de la liste.	She deletes Jules from the list.

Other irregular verbs:

- **La conjugaison du verbe DEVOIR**

Je	dois	Nous	devons
Tu	dois	Vous	devez
Il	doit	Ils	doivent

* It transfers a meaning of obligation, necessity, or even probability.

Je dois finir mon travail avant cinq heures.   I must finish my work before 5 o'clock.
Nous devons partir demain.   We must start tomorrow.
Sophie est absente aujourd'hui. Elle doit être malade.
   Sophie is absent today. She must be ill.

- **La conjugaison du verbe POUVOIR**

Je	peux	Nous	pouvons
Tu	peux	Vous	pouvez
Il	peut	Ils	peuvent

* It transfers a meaning of ability or probability.

Je peux nager.   I can swim.
Vous pouvez ouvrir la fenêtre.   You can open the window.
Ils peuvent chanter l'hymne national de Corée.   They can sing the national anthem of Korea.

- **The 'VOULOIR, POUVOIR, DEVOIR' play a role of auxiliary verbs when they are followed by an infinitive.**

Nous voulons partir en vacances.   We want to leave on vacation.

Ils peuvent entrer dans cette salle sans autorisation.
   They can enter this room without a permit.

Vous devez partir maintenant.   You must start now.

- **Compare the expressions:**

Nous voulons trois cafés, s'il vous plaît.   We want three coffees, please.

Je vous dois combien?   How much I owe you?

Elle doit 100 euros à Jules.   She owes Jules 100 euros.

 Exercice

A. Conjugate the verbs.

	essayer	pouvoir	devoir	connaître	vouloir
Je					
Tu					
Il					
Nous					
Vous					
Ils					

B. Complete the dialogue by using one of the verbs ⟨vouloir, pouvoir, devoir, savoir, connaître⟩.

Jules Excusez-moi, Madame. Je (   ) parler à M. Martin, s'il vous plaît.

Mme Il n'est pas là pour le moment. vous (   ) laisser un message?
      Je (   ) que M. Martin va rentrer cet après-midi.
      Vous (   ) rappeler dans trois heures. Il sera là.
      Mais. est-ce que vous (   ) bien M. Martin?

Jules Oui, je suis son cousin Albert.
      Mais est-ce que je (   ) aller directement à son bureau?

Mme Non. Vous (   ) d'abord signaler votre arrivée au secrétariat.

Jules D'accord. Merci beaucoup, Madame.

Mme Il n'y a pas de quoi.

Leçon 30. Il fait beau.

A : Il fait beau aujourd'hui.
B : Oui, il fait très beau et il fait chaud.
A : Mais il va pleuvoir demain.
B : Oh, là, là.

Le pronom impersonnel IL Impersonal pronoun IL

| Il fait ... | The weather is ... |

* This expression is used for the temperature or meteorologic reference.

Quel temps fait-il?	What's the weather?
Au printemps, il fait beau.	In spring the weather is good.
En été, il fait chaud et il pleut.	In summer, it is hot and it rains.
Il fait doux en automne.	It is warm in autumn.
Il fait froid et il neige en hiver.	It is cold and snows in winter.
Il fait trente-deux degrés aujourd'hui.	It is 32 degrees today.

- **Compare:**

Il y a du soleil.	It is shiny.
Il y a des nuages.	It is cloudy.
Il y a du vent. = Il fait du vent.	It is windy.

| Il est quelle heure? | What time is it? |

A : Quelle heure est-il?
B : Il est une heure et quart.
A : Déjà? Je suis en retard.
B : Tu as rendez-vous à quelle heure?
A : À une heure et demie.
B : Alors, ça va aller.

- **Les expressions de l'heure:**

Il est trois heures et demie.	It is three o'clock and a half.
Il est trois heures et quart.	It is 3 o'clock and a quarter.
Il est trois heures moins dix.	It is ten minutes to three o'clock.
Il est trois heures moins le quart.	It is a quarter to three o'clock.
Il est presque midi/minuit.	It is almost noon/midnight.
Il est midi pile.	It is noon accurately.

Exercice

A. Answer the given question in french and in english also.

> Q : Quelle heure est-il? / What time is it?

1) 10 h 55:   2) 12 h 00:   3) 13 h 45:
4) 16 h 15:   5) 21 h 10:   6) 23 h 30:
7) 24 h 30:   8) 7 h 00:

B. Complete the sentence by using one of the expressions 〈il y a, il fait, il est〉.

1) Aujourd'hui, (   ) humide et (   ) des nuages.
2) Aujourd'hui, (   ) du soleil et (   ) beau.
3) Quand (   ) 17 h à Séoul, (   ) 10 h à Paris.
4) Tu mets ce vêtement, parce que (   ) froid dehors.
5) (   ) du vent aujourd'hui, donc reste à la maison.
6) C'est l'heure de partir: (   ) midi et demi.

C. Answer the question (free response).

1) Quelle heure est-il?
    →

2) On est le combien?
    →

3) En quel mois sommes-nous?
    →

4) En quelle saison sommes-nous?
    →

5) Nous sommes en quelle année?
    →

6) Quel temps fait-il aujourd'hui?
    →

7) Il fait chaud en hiver chez vous?
    →

8) Il pleut souvent en hiver en Corée?
    →

9) Quel temps fait-il en automne en Corée?
    →

10) Quelle est la température d'aujourd'hui?
    →

Leçon 31. Je me couche tard.

A : Minji, tu te réveilles à quelle heure?
B : Je me réveille à sept heures vingt.
A : Alors, tu te couches à quelle heure?
B : Je me couche à minuit trente.

Les verbes pronominaux Pronominal verbs

The subject and the object of the verb are identical and the object of the verb is located before the verb. The pronoun object is in accordance with the subject for it's form.

- **Compare the expressions:**

Je couche ma fille.   I lay asleep my daughter.
Je me couche.   I lay asleep myself. (= I go to bed.)
Elle se couche.   Shes lays asleep herself.

- **La conjugaison du verbe SE COUCHER**

Je	me couche	Nous	nous couchons
Tu	te couches	Vous	vous couchez
Il	se couche	Ils	se couchent

Je me couche tôt le soir.   I go to bed early in the evening.
Mais elle ne se couche pas tôt.   But she doesn't go to bed early.
Couche-toi vite.   Go to bed quickly.
Nous allons nous coucher à 11 heures et demie.   We will go to bed at 11 thirty.

- **Attention to the position of the pronoun!!!**

Je me réveille.
Je vais me réveiller.
Je dois me réveiller.
Réveille-toi!
Elle ne se réveille pas.
 → Elle s'est réveillée. (Passé composé)
 → Elle ne s'est pas réveillée. (Passé composé)

Les emplois des verbes pronominaux — Uses of pronominal verbs

1. Réflexif — Reflexive

Je me réveille à 7 heures.	I get up at 7 o'clock.
Elle se regarde dans la galce.	She looks herself on the glass.
Vous vous asseyez sur cette place.	Take your seat on this place.
= Asseyez-vous sur cette place.	
Dépêchez-vous!	Hurry up!

2. Réciproque — Reciprocal

Jean et Jeanns s'aiment depuis l'an dernier.
  Jean and Jeanne love each other from last year.
Paul et Léo se battent. Paul and Léo fight against each other.
Nous nous connaissons bien depuis notre enfance.
  We know well each other from the childhood.
Ils se rencontrent dans le café de la Paix.
  They meet in the coffee shop 'la Paix'.

3. Passif — Passive

La porte se ferme automatiquement.	The door is closed automatically.
Ce mot se prononce ainsi.	This word is pronounced like this.
Ça se mange?	This is edible/eatable?

4. Original — Original

Je me souviens de mon enfance.	I remember my childhood.
Tu te moques de moi.	You mock me.
On s'en va?	Do we go?/ Let's go!

- *Allons plus loin!*

The pronoun object can be a direct or indirect according to the verb.

Je me rappelle son nom.	I recall his/her name.
Elle se lave les mains.	She washes her hands.

In these expressions, the pronouns ⟨me, se⟩ are indirect objects.
How can you explain this affirmation?

Exercice

A. Conjugate the verb.

1) Je (se réveiller   ) à 7 h et demie.
2) Nous (se coucher   ) à minuit.
3) Pierre (se lever   ) tard le matin.
4) Ils (se promener   ) dans le parc.
5) Tu (se rappeler   ) son nom?
6) Vous (se souvenir   ) de votre enfance?
7) Nous (s'habiller   ) lentement.
8) Je (s'intéresser   ) à la littérature.
9) Les dames (se regarder   ) dans la glace.
10) Vous (s'occuper   ) de ce travail.
11) Tu (se moquer   ) de moi.
12) Elle (s'ennuyer   ) vite.

B. Answer the question.

1) Est-ce que tu te lèves tôt le matin?
   Non,
2) Est-ce que vos enfants s'arrêtent devant le magasin?
   Non,
3) Est-ce que tu te souviens de mon nom?
   Non,
4) Est-ce que vous vous aimez?
   Non,
5) Est-ce que tu t'énerves souvent?
   Non,
6) Est-ce que vous vous intéressez à l'histoire?
   Non,
7) Est-ce que tu te trompes souvent?
   Non,
8) Est-ce qu'elle se rappelle votre nom?
   Non,

Une page de chanson

Comme d'habitude

Claude François

Je me lève et je te bouscule
Tu ne te réveilles pas comme d'habitude
Sur toi je remonte le drap
J'ai peur que tu aies froid comme d'habitude
Ma main caresse tes cheveux
Presque malgré moi comme d'habitude
Mais toi tu me tournes le dos
Comme d'habitude

Et puis je m'habille très vite
Je sors de la chambre comme d'habitude
Tout seul je bois mon café
Je suis en retard comme d'habitude
Sans bruit je quitte la maison
Tout est gris dehors comme d'habitude
J'ai froid, je relève mon col
Comme d'habitude

Comme d'habitude, toute la journée
Je vais jouer à faire semblant
Comme d'habitude je vais sourire
Comme d'habitude je vais même rire
Comme d'habitude, enfin je vais vivre
Comme d'habitude

 Exercice

- Find out the pronominal verbs used in this song.

They are:

Leçon 32. Je crois qu'elle va arriver à l'heure.

> A : Je pense que Mireille va être en retard.
> B : Non! Je crois qu'elle va arriver à l'heure.
> A : Elle est toujours en retard, n'est-ce pas?
> B : Tu exagères!

La conjugaison du verbe CROIRE

Je	crois	Nous	croyons
Tu	crois	Vous	croyez
Il	croit	Ils	croient

* Same conjugation for the verb: accroire.

Je ne crois pas.	I don't think so.
Ils croient en Dieu.	They believe in God.
Tout le monde croit avoir raison.	Everybody believes that he is right.
Il ne croit point le médecin.	He never believes the doctor.
Je crois que tu as raison.	I think that you are right.

La conjonction QUE Conjunction QUE

Il est vrai que votre réussite est complète.	It is true that your success is complete.
Je pense que c'est l'heure de partir.	I think that it is time to leave.
Le fait qu'il va revenir fait plaisir à tout le monde.	

The fact that he will be back gives pleasure to everybody.

- **Uses**

    1) In the comparative expressions:

Pierre est plus sympathique que Jean.	Pierre is more sympathetic than Jean.

    2) In the expression of emphasis: C'est ... que ...

C'est à Marjolaine que je téléphone.	It is to Marjolaine that I telephone.

    3) In the expression: NE ... QUE (meaning of restriction)

Je n'ai qu'un frère.	I have only one brother.

A : Est-ce que tu connais M. Bernard Werber?
B : Non, je ne le connais pas. Qui est-ce?
A : C'est un écrivain français. Il est très connu en Corée.
B : Ah, il est écrivain!

Comparison of the expressions C'EST ... and IL EST...

- After the <c'est ...> one uses an article, but after the <Il est/Elle est...> a noun is related without the article.

C'est ...	Il/Elle ...
C'est un ingénieur.	Il est ingénieur.
C'est une infirmière.	Elle est infirmière.
Ce sont des avocats.	Ils sont avocats.
Ce sont des coréennes.	Elles sont coréennes.

- **But attention!**

　　C'est l'avocat de ma compagnie. Il est l'avocat de ma compagnie.
　　　He is the lawyer of my company.
　　Elle est la coréenne de ma classe.　　　She is the korean (girl) of my class.
In case where the noun - subjective complement is defined by a certain expression, it is accompanied by the definite article.

Les pronoms compléments d'objet Pronouns object

Tu connais Monsieur le directeur?　　　　Vous connaissez ces enfants?
　Oui, je le connais.　　　　　　　　　　Oui, nous les connaissons.
Tu connais Madame la directrice?
　Non, je ne la connais pas.

- **Des pronoms compléments d'objet direct**　　Direct object

	objet direct		objet direct
Je	me	Nous	nous
Tu	te	Vous	vous
Il/Elle	le/la	Ils/Elles	les

- The pronoun direct object substitutes a person or a thing. It replaces the answer to the question ⟨whom?⟩ or ⟨what?⟩.

m. s.	Il le regarde.	(ex. le = le tableau / son père)
f. s.	Il la regarde.	(ex. la = la télévision / sa mère)
pl.	Il les regarde.	(ex. les = les photos / ses parents)

⟨me⟩, ⟨te⟩, and ⟨le/la⟩ are transformed into ⟨m'⟩, ⟨t'⟩, ⟨l'⟩ before a vowel sound.

Il m'aime.   Je t'aime.   Elle l'adore.

• **Other examples:**

Est-ce que tu m'aimes?	Do you love me?
Bien sûr. Je t'aime.	Of course, I love you.
Ton papa lit les journaux?	Your father reads the newspapers?
Oui, il les lit.	Yes, he does.
On achète les romans de Proust?	Do we buy Proust's novels?
Oui, on les achète.	Yes, we do.

• **Attention!**

Tu aimes le fromage?	Do you like cheese?
Oui, j'aime ça. (⟨Oui, je l'aime.⟩ is not normal in french.)	

• **The negative sentence:**

NE is inserted before the object pronoun, and PAS after the verb.

   Il m'aime.→ Il ne m'aime pas.

   On les achète. → On ne les achète pas.

• *Allons plus loin!*

Je vais acheter ces vêtements dans ce magasin.

→ Je vais les acheter dans ce magasin.

Elle ne peut pas acheter ces sacs.

→ Elle ne peut pas les acheter.

Il vient d'acheter cette voiture.

→ Il vient de l'acheter.

Elle est en train d'acheter les chaussures.

→ Elle est en train de les acheter.

Nous pensons à prendre le métro tous les matins.

→ Nous pensons à le prendre tous les matins.

Pay attention to the expressions ⟨de les acheter⟩ and ⟨à le prendre⟩. The contraction of the words does not occur in this case. Can you explain why?

Exercice.

A. Conjugate the verb CROIRE.

Je		Nous	
Tu		Vous	
Il		Ils	

B. Transform the sentence into french.

1) I think that you are wrong.
   →

2) He thinks that he is right.
   →

3) She believes always doctors.
   →

4) I think that we will arrive on time.
   →

5) It is true that she is intelligent.
   →

C. Imitate the model.

> Model: Il a seulement deux ans.
>   → Il n'a que deux ans.

1) Il aime seulement le foot.
   →

2) Je joue seulement avec mon frère.
   →

3) On voit bien seulement avec le coeur.
   →

4) Elle va seulement au cinéma Gaumont.
   →

5) Ils boivent seulement du vin de Bordeaux.
   →

6) Nous achetons seulement les parfums français.
   →

D. Imitate the model.

> Model: ⟨une infirmière⟩
> → C'est une infirmière. Elle est infirmière.

1) ⟨un architecte⟩
   →

2) ⟨une chanteuse⟩
   →

3) ⟨des avocats⟩
   →

4) ⟨des étudiantes⟩
   →

E. Answer the question like the model.

> Model: Est-ce qu'elle regarde la télé?
> → Oui, elle la regarde.

1) Est-ce que tu prends le métro?
   Non,

2) Est-ce que vous gardez vos enfants?
   Oui,

3) Est-ce que vos enfants aiment les chiens?
   Oui,

4) Est-ce que vous aimez la musique classique?
   Non,

5) Est-ce que vous lisez ce journal régulièrement?
   Oui,

6) Est-ce qu'elles font les exercices tous les samedis?
   Non,

7) Est-ce que tu achètes les livres à la FNAC?
   Non,

8) Est-ce qu'elle ouvre la porte pour vous?
   Oui,

9) Est-ce que les français aiment la bière?
   Non,

10) Est-ce que votre fille prépare le repas pour vous?
    Oui,

Unité VI — Tables des matières

Leçon 33. Je vais lui dire bonjour.
Leçon 34. J'en suis content.
Leçon 35. Oui, je le crois.
Leçon 36. Je te le rends.
Leçon 37. J'ai envoyé la lettre.
Leçon 38. C'est quand?
Leçon 39. Elle est sortie.
Leçon 40. C'était magnifique.

Leçon 33. Je vais lui dire bonjour.

A : Dis bonjour à ton professeur.
B : O.K., Maman. Je vais lui dire bonjour.
A : Et téléphone-moi cet après-midi.
B : Entendu. Je vais te téléphoner.

Les pronoms compléments d'objet indirect Indirect object

	objet indirect		objet indirect
Je	me	Nous	nous
Tu	te	Vous	vous
Il/Elle	lui	Ils/Elles	leur

- **The third person ⟨lui⟩ and ⟨leur⟩ are used in common to masculine and to feminine.**

  Jean parle à son directeur. → Jean lui parle.
  Jean parle à sa directrice. → Jean lui parle.

- **The first and the second person take the same form for the direct and the indirect object: ⟨me, te, nous, vous⟩.**

indirect object	direct object
Paul me téléphone.	Paul me regarde.
Paul te téléphone.	Paul te regarde.
Paul nous téléphone.	Paul nous regarde.
Paul vous téléphone.	Paul vous regarde.

- **The verbs which demand the indirect object:**

  dire à, demander à, parler à, téléphoner à, écrire à, envoyer à, répondre à, rendre à, offrir à, prêter à, sourire à, etc.

  Many verbs are related to the act of communication between persons.

- **Negative sentence:**

  Elle ne me téléphone pas.　　　　　　She doesn't telephone me.
  Paul ne nous sourit pas.　　　　　　Paul doesn't smile to us.

- **Attention!**

  Je pense à Paul. → Je pense à lui.　(⟨Je lui pense.⟩ is incorrect.)
  Je pense à Amélie. → Je pense à elle.　　I think about her.
  Je m'intéresse à Amélie. → Je m'intéresse à elle.　　She interests me.

Exercice

A. Imitate the model.

> Model: Minji téléphone <u>à Paul</u>.
> → Elle lui téléphone.

1) Les étudiants répondent <u>au professeur</u>.
   →

2) Sylvie ressemble <u>à sa mère</u>.
   →

3) Mina écrit une lettre <u>à ses parents</u>.
   →

4) Les enfants plaisent <u>à leurs parents</u>.
   →

5) Corinne prête de l'argent <u>à son ami</u>.
   →

6) Jacques pose des questions <u>à Eric et à moi</u>.
   →

B Answer the question.

1) Est-ce que tu téléphones souvent à Marie?
   Oui,
2) Est-ce que tu réponds vite au professeur?
   Non,
3) Est-ce que ton cousin écrit des lettres à tes parents?
   Non,
4) Est-ce que vous dites merci au directeur?
   Oui,
5) Est-ce que vous donnez de l'argent aux enfants?
   Oui,
6) Est-ce qu'elle envoie des lettres à ses amies?
   Non,
7) Est-ce que ta grand-mère fait des cadeaux à toi?
   Oui,
8) Est-ce que tu penses souvent à tes parents?
   Oui,

Leçon 34. J'en suis content.

A : Est-ce que tu es content de ton exam?
B : Oui, j'en suis content.

Le pronom neutre EN Neutral pronoun EN

- **This pronoun contains a preposition <de>. It can be used to replace the noun preceded by a partitive article or an indefinite article also.**

Ils reviennent de Rome. → Ils en reviennent. (en = de Rome)
Elle est contente du résultat. → Elle en est contente. (en = du résultat)
Il y a beaucoup de monde dans la rue. → Il y en a beaucoup dans la rue.
   There are many people on the road.
Je me souviens de ton nom. → Je m'en souviens.
   I remember your name. → I remember it.

Elle prend du café. → Elle en prend.   She takes it.
Elles mangent de la salade. → Elles en mangent. She eats it.
Il y a des disques de Bieber. → Il y en a. (en = des disques de Bieber)

- **With an expression of quantity:**

J'achète un livre. → J'en achète un.   I buy one.
   In this case, UN is treated as a numeral number.
Elle achète trois livres. → Elle en achète trois.
Tu achètes beaucoup de livres. → Tu en achètes beaucoup.

- **Other examples:**

Vous avez une voiture?   Do you have a car?
   Oui, j'en ai une.   Yes, I have one.
   Non, je n'en ai pas.   Non, I don't.

- **Allons plus loin!**

Voilà des chinois! → En voilà!
Voilà les coréennes! → Les voilà.
Voici un coréen! → En voici un!
Voici Jacques! → Le voici!

Exercice

A. Imitate the model.

> Model: Tu manges de la viande.
> → Tu en manges.

1) Ils achètent des glaces.
   →

2) Je bois du vin français.
   →

3) Il y a du monde dans la rue.
   →

4) Nous prenons du sandwich.
   →

B. Answer the question by using the pronoun.

1) Est-ce que vous voulez du fromage?
   Oui,

2) Est-ce que vous avez des frères?
   Oui,

3) Est-ce qu'elle achète des livres?
   Non,

4) Est-ce que tu as envie de partir?
   Oui,

5) Est-ce que tu parles de l'histoire?
   Non,

6) Est-ce que tu te souviens de mon nom?
   Oui,

7) Est-ce qu'ils sont contents de cette machine?
   Non,

8) Est-ce qu'il y a des tomates dans le frigo?
   Non,

9) Est-ce que vous avez une carte de crédit?
   Oui,

10) Est-ce que vous êtes fiers de vos résultats?
    Oui,

> Attention! Il parle de son père. → Il parle de lui. (〈Il en parle.〉 is incorrect.)

Leçon 35. Oui, je le crois.

A : Crois-tu qu'il va neiger demain?
B : Non, je ne le crois pas.
A : Parce que je vais à Chamonix demain pour faire du ski.
B : C'est vrai? Moi aussi, je pense partir en voyage la semaine prochaine.

Le pronom neutre LE Neutral pronoun LE

- **The neutral pronoun is invariable. It replaces a noun which is not defined, an adjective, a verb or a clause/proposition.**

Il est gentil. → Il l'est. (l'= le = gentil)
Elle est gentille. → Elle l'est. (l' = le = gentille)
Ils sont gentils. → Ils le sont. (le = gentils)
Elle croit avoir raison. → Elle le croit. (le = avoir raison)
Je pense que la ville de Séoul est plus grande que la ville de Paris.
→ Je le pense. (le = que ...)

- *Allons plus loin!*

Penses-tu partir en voyage?
   Oui, je le pense. (le = partir en voyage)
Penses-tu à ton voyage?
   Oui, j'y pense. (y = à mon voyage)
Penses-tu à ton père?
   Oui, je pense à lui. (lui = mon père)

- **Other examples:**

Est-ce que vous êtes coréenne?
   Oui, je le suis. (le = coréenne)
Est-ce que vous êtes la coréenne du film Arirang?
   Oui, je la suis. (la = la coréenne du film Arirang)
Est-ce que vous êtes françaises?
   Non, nous ne le sommes pas. (le = françaises)
Est-ce que vous êtes les femmes de la compagnie K?
   Oui, nous les sommes. (les = les femmes de la compagnie K)

Exercice

A. Answer the question by changing the underlined part into a pronoun.

1) Est-ce que Philippe est français ?
   Oui,
2) Est-ce que Jenny est canadienne ?
   Non,
3) Est-ce que Paul et François sont français ?
   Oui,
4) Est-ce que vous êtes coréennes ?
   Oui,
5) Est-ce que vous savez que Paul est directeur ?
   Non,
6) Est-ce que Marie est gentille ?
   Oui,
7) Est-ce que tu crois avoir raison ?
   Oui,
8) Est-ce que vous êtes les employés de cette usine ?
   Non,

B. Answer the question by changing the underlined part into a pronoun.

1) Est-ce que tu téléphones à Sylvie ?
   Non,
2) Vos enfants restent-ils à la campagne ?
   Oui,
3) Est-ce que vous pensez à vos parents ?
   Oui,
4) Est-ce que tu envoies un message à Sandrine ?
   Oui,
5) Est-ce que Michel ressemble à son grand-père ?
   Oui,
6) Est-ce que Sylvie et Corinne pensent à leur voyage ?
   Non,

Leçon 36. Je te le rends.

> A : Paul, est-ce que tu me rends le roman de Werber?
> B : Oui, je te le rends.
> A : C'est quand?
> B : Je vais le lire cet après-midi.
> Et je vais te le rendre demain.

Les pronoms Pronouns

Je	rends	Nous	rendons
Tu	rends	Vous	rendez
Il	rend	Ils	rendent

- **Same conjugation for the verbs: descendre, tendre, attendre, prétendre, vendre, répondre, perdre, interrompre, etc**

Je rends le livre à Paul.   I return back the book to Paul.
→ Je le rends à Paul. (le = le livre)
→ Je lui rends le livre. (lui = à Paul)
→ Je le lui rends. (le = le livre, lui = à Paul)

L'ordre des deux pronoms objets Order of two object pronouns

Sujet	Objet indirect (A)	Objet direct (B)	Objet indirect (C)	(D)	Verb
	me te nous vous	le la les	lui leur	en	

- **The possible combination: (A + B), (B + C), (A) + (D), (C + D)**

Elle me le rend.   She renders it to me.
Je le lui rends.   I render it to him.
Tu lui en donnes.   You give it to him.
Nous les leur donnons.   We give them these things.

The pronoun ⟨y⟩ can be combined with these pronouns.
Il me conduit à cet endroit. → Il m'y conduit.
   He drives me to this place.
Elle met les livres sur la table. → Elle les y met.
   She puts the books on the table.

- **Other examples:**

  Elle m'achète des vêtements. → Elle m'en achète.

  Je lui achète une jupe. → Je lui en achète une.

  Est-ce que vous me demandez mon adresse?
  　　Oui, je vous la demande.
  　　Non, je ne vous la demande pas.
  Est-ce que tu lui demandes son numéro de portable?
  　　Oui, je le lui demande.
  　　Non, je ne le lui demande pas.
  　　Oui, je vais le lui demander.
  　　Non, je ne vais pas le lui demander.

- **Some more expressions:**

  Je peux les leur proposer.
  　　← Je peux proposer mes idées aux professeurs.
  　　　　I can propose my ideas to teachers.
  Je ne dois pas la leur demander.
  　　← Je ne dois pas demander cette autorisation aux gardiens.
  　　　　I must not ask the permit to the guards.
  Nous voulons vous la demander.
  　　← Nous voulons vous demander votre adresse.
  　　　　I want to ask your address.
  Nous ne pouvons pas vous la demander.
  　　← Nous ne pouvons pas vous demander votre photo.
  　　　　We can't ask you (to show us) your photo.

 Entraînement: Conjugate the verbs.

	attendre	répondre	vendre
Je			
Tu			
Il			
Nous			
Vous			
Ils			

Exercice

A. Rewrite the sentence by using the pronoun.

1) Alex me vend sa voiture.
→

2) Ma mère m'achète un coca.
→

3) Paul envoie la lettre au directeur.
→

4) Sandrine vend des vêtements aux clients.
→

5) Myriam donne des bonbons à ses voisins.
→

6) Elle vient d'envoyer une lettre au directeur.
→

B. Answer the question by using the pronoun.

1) Est-ce que vous offrez des cadeaux aux enfants?
   Oui,
2) Est-ce qu'il vous conduit à l'hôtel?
   Non,
3) Est-ce que vous me laissez vos clés?
   Oui,
4) Est-ce qu'elle va prêter de l'argent à Paul?
   Non,
5) Est-ce que vous allez acheter ce gâteau à votre cousine?
   Oui,
6) Est-ce que vous m'achetez une robe?
   Oui,
7) Est-ce que tu emmènes ton ami à un parc?
   Oui,
8) Est ce que tu envoies des cartes à tes amis?
   Non,

Une page d'information

프랑스어를 잘 하려면?

외국어를 배우는 목적이 무엇이냐에 따라 어떻게 공부할 것인지가 달라질 수 있을 것입니다만, 그럼에도 불구하고 외국어 학습의 궁극적인 목표는 해당 외국어로 의사소통하는 것일 겁니다. 프랑스어를 공부하는 사람들은 누구나 프랑스어를 배워서 자유자재로 의사소통할 수 있기를 원합니다, 그러나 그러한 수준에 도달하는 것은 쉽지 않습니다. 외국어를 배워서 일상적인 대화에 활용하려면 대단한 노력을 기울여야 합니다.

프랑스어를 잘 하려면 우선 많이 들어서 프랑스어가 우리 귀에 익숙해져야 합니다. 처음에는 무슨 말을 하는 것인지 전혀 파악할 수 없는 표현들이 우리 귀에 들어와 그것이 의미하는 것이 무엇인지 파악할 수 있게 되면 우리는 희열을 느낄 수 있을 겁니다. 외국어를 배우기 위해서는 결국 많이 들어야 한다는 것입니다. 다행히 오늘날 인터넷의 발달로 인해 많은 정보들이 실시간으로 전달되고 있으며, 이것이 학습에도 큰 영향을 끼치고 있습니다.

프랑스어를 학습할 수 있는 인터넷 사이트기 많이 있으니 그 중에서 몇 가지 유용한 것을 들면 다음과 같습니다.

http://www.lepointdufle.net/audio.htm/
http://www.bonjourdefrance.com
http://www.francaisfacile.com
ttp://www.123cours.com/
http://www.tv5.org/
http://www.rfi.fr/
http://world.kbs.co.kr/french/#

특히 rfi(radio france international) 사이트에서 Apprendre le français → Le journal en français facile을 통해 10분간의 프랑스어 뉴스를 다운로드 받을 수 있습니다. 스크립트가 있기 때문에 이를 이용하면 듣기 훈련을 손쉽게 할 수 있습니다.

〈Pronunciation drill〉

- Si c'est ça, sors sans sa soeur.

- Ce qui n'est pas clair n'est pas français.

- Le bruit de la pluie sur les tuiles m'ennuie la nuit.

Leçon 37. J'ai envoyé la lettre.

A : Jacques, est-ce que tu as envoyé la lettre à ton oncle?
B : Non, Maman, je ne l'ai pas encore envoyée.
A : Pourquoi?
B : Parce que je n'ai pas eu le temps d'aller à la poste.
A : Quand tu peux l'envoyer?
B : Je l'envoie dans une heure.

La conjugaison du verbe ENVOYER

J'	envoie	Nous	envoyons
Tu	envoies	Vous	envoyez
Il	envoie	Ils	envoient

* The same conjugation for the verbs: employer, nettoyer, tutoyer, etc.

| Qu'est-ce que tu envoies à tes enfants? | What do you send to your children? |
| Envoie-moi un plan de la ville de Paris. | Send me a map of Paris. |

Le passé composé avec ⟨AVOIR⟩ Past tense with AVOIR

- **How to make the passé composé?**

> AVOIR au présent + participe passé du VERBE

Je mange. → J'ai mangé.
Il choisit un menu. → Il a choisi un menu.
Nous prenons un bus. → Nous avons pris un bus.
Elles mettent des chaussures. → Elles ont mis des chaussures.
Il n'ouvre pas la porte. → Il n'a pas ouvert la porte.

- **Attention!**

For the negative sentence, one inserts NE before the auxiliary verb and PAS after this auxiliary verb. PAS is inserted between the auxiliary and the main verb.

- The Passé composé expresses the action or event occurred in a moment of past.

| En 2011, j'ai terminé mes études secondaires. | In 2011, I finished my high school studies. |
| Hier soir, il a plu. | Yesterday night, it rained. |

《**How to make the past participle of verbs?**》

1) For the verbs of first group: drop the ending -er, and attach the suffix -é.
   aimer → aimé, donner → donné, manger → mangé, regarder → regardé
   Ils ont mangé dans le resto-U.   They ate at the University restaurant.

2) For the verbs of second group: drop the ending -ir, and attach the suffix -i.
   choisir → choisi, réussir → réussi
   Ma fille a réussi à l'examen.   My daughter succeeded in the exam.

3) For the verbs of third group: the irregular verbs have irregular forms. You must memorize these different forms for the exact conjugation of the verbs. But there are some predictable patterns.

   (1) Verbs ending in -re: -re → -u
       battre → battu, mordre → mordu, perdre → perdu
       Ce chien a mordu mon bras gauche.   This dog bit my left arm.

   (2) Verbs ending in -oir: -oir → -u
       avoir → eu   pouvoir → pu
       devoir → dû   vouloir → voulu
       falloir → fallu   recevoir → reçu
       pleuvoir → plu   savoir → su
       J'ai eu chaud.   I was hot.

   (3) Some verbs ending in -re: -re → is
       mettre → mis, prendre → pris, apprendre → appris
       Elle a appris le français pendant trois ans.   She learned french during three years.

   (4) Some important irregular verbs:
       aller → allé   venir → venu
       être → été   faire → fait
       boire → bu
       Ils ont été aux États-Unis de 2011 à 2013.
          They have been in the U.S.A. from 2011 to 2013.

Exercice

A. Imitate the model.

> Model: Aujourd'hui, il pleut.
> Hier, il a plu.

1) Aujourd'hui, je dîne chez moi.
   → Hier,
2) Aujourd'hui, tu choisis le métro.
   → Hier,
3) Aujourd'hui, elle prend le bus.
   → Hier,
4) Aujourd'hui, ils travaillent chez eux.
   → Hier,
5) Cette semaine, nous terminons à 18 heures.
   → La semaine dernière,
6) Cette année-là, vous préparez le BAC.
   → L'année dernière,

B. Answer the question.

1) Vous avez bien mangé?
   Oui,
2) Tu as bien dormi?
   Non,
3) Vous avez dîné chez vous?
   Oui,
4) Il y a eu un accident?
   Non,
5) Tu as rencontré Sylvie?
   Oui,
6) Ont-elles visité le musée du Louvre?
   Non,
7) Est-ce qu'ils ont acheté des disques?
   Non,
8) Est-ce que vous avez eu des problèmes?
   Non,

C. Transform the sentence like the model.

> Model: Ne mange pas!
>   → C'est trop tard. J'ai déjà mangé.

1) Ne prenez pas ce train!
 →

2) Ne choisissez pas cette couleur!
 →

3) Ne regarde pas ces images!
 →

4) Ne rencontre pas ce garçon!
 →

5) N'envoyez pas ce colis!
 →

6) Ne refusez pas sa demande!
 →

D. Conjugate the verb in passé composé.

1) Hier soir, nous (participer   ) à la réunion.
2) A midi, il (manger   ) un sandwich.
3) Ce matin, nous (visiter   ) ce musée.
4) Hier soir, on (avoir   ) froid.
5) Samedi dernier, il (pleuvoir   ).
6) Paul (battre   ) Jean hier après-midi.
7) Nous (apprendre   ) le français pendant deux ans.
8) Hier, nous (devoir   ) prendre un taxi.

E. Answer the question(free response).

1) Est-ce qu'il a plu hier?
2) Est-ce que vous avez été en France?
3) Est-ce que vous avez bien dormi hier soir?
4) Est-ce que vous avez déjà visité le musée national de Corée?

Leçon 38. C'est quand?

A : Quand tu vas envoyer la lettre?
B : Je l'envoie dans une heure.

L'adverbe QUAND

- **It refers to a meaning of time.**

    Quand peux-tu venir?   When can you come?
    Quand est-ce que je mange?   When do I eat?
    Depuis quand êtes-vous à Séoul?   From when are you in Séoul?
    Quand il prononce ce mot, il tire la langue.
        When he pronounces this word, he puts out his tongue.
    C'est quand, ton anniversaire?   When is your anniversary?
    C'est au mois de mars.   It is in March.

- **Compare:**

    Depuis quand habitez-vous à Séoul?   From when do you live in Seoul?
        J'y habite depuis 2011.   I live here from the year 2011.
    Depuis combien de temps habitez-vous à Séoul?
        From how many years do you live in Seoul?
        J'y habite depuis trois ans.   I have been living(live) here for three years.

| DANS + temps = In + time |

Dans une heure = in an hour = an hour later
Dans une semaine = in a week = a week later
Dans quinze jours = in two weeks = two weeks later
Dans un mois = next month

- *Allons plus loin!*

    En une heure = during one hour (one hour is treated as something non divisible)
        Il a fini ses devoirs en une heure.
    Pendant une heure = during one hour (one hour is treated as something divisible)
        Il a regardé la télé pendant une heure.
    À une heure = at one o'clock
    De une heure = from one o'clock

140 | Learn french in english

Exercice

A. Imitate the model.

> Model: Quand partez-vous?
> → (à 9h) Je pars à 9h.

1) Quand mangez-vous?
   → (à 19 h)
2) Quand revenez-vous de vacances?
   → (au mois d'août)
3) Quand prenez-vous le déjeuner?
   → (midi)
4) Quand vous levez-vous le matin?
   → (à 7h)
5) Depuis quand habitez-vous ici?
   → (2002)
6) Depuis combien de temps restes-tu ici?
   → (30 minutes)

B. Answer the question (free response).

1) C'est quand, ton anniversaire?
   →
2) Quand pars-tu en vacances?
   →
3) Quand prends-tu le dîner?
   →
4) Depuis quand habites-tu à l'adresse actuelle?
   →
5) Depuis combien de temps apprends-tu le français?
   →
6) Quand arrives-tu à l'école?
   →
7) Quand vas-tu téléphoner à ta mère?
   →
8) Quand te lèves-tu le matin?
   →

Leçon 39. Elle est sortie.

A : Où est Corinne?
B : Elle n'est pas là. Elle est sortie.
A : Elle est sortie quand?
B : Il y a une demi-heure.

Le passé composé avec ⟨ÊTRE⟩ (2) Past tense with ÊTRE

ÊTRE au présent + participe passé du VERBE

- **In this case, the past participle must be in accordance with the noun in gender as well as in number.**

Il va à l'école.	→Il est allé à l'école.
Elle va à l'école.	→Elle est allée à l'école.
Ils vont à l'école.	→Ils sont allés à l'école.
Elles vont à l'école.	→Elles sont allées à l'école.

Nous sommes allé(e)s au cinéma hier soir.
Vous êtes allé(e, s, es) à Madrid?

- **Attention!**

1) These verbs indicate the movement in the space. For example: aller, venir, revenir, partir, arriver, monter, descendre, tomber, entrer, rentrer, sortir, passer, rester, retourner, etc.
   The verbs ⟨naître, mourir, devenir⟩ are also treated as a movement. These verbs are intransitive.

2) In case of the pronominal verbs:

Elle s'est levée tard.	She got up late.
Ils se sont levés tard.	They got up late.
Elles se sont levées tard.	They got up late.

3) If the verb is used as a transitive, one uses the auxiliary verb ⟨AVOIR⟩.

- **Compare:**

(a) Elle est montée sur le toit.	She climbed the roof.
(b) Sandrine a monté les valises dans le wagon.	She placed the bags on the cargo.

Exercice

A. Transform the sentence into the passé composé.

1) Ils vont au marché.
   →

2) Elle revient chez toi?
   →

3) Elle retourne chez elle?
   →

4) Mes amis restent chez moi.
   →

5) Mireille descend de l'escalier.
   →

6) Mes parents partent en voyage.
   →

7) Plusieurs bébés naissent dans cet hôpital.
   →

8) Paul et ses amies montent dans un taxi.
   →

B. Answer the question by transforming the underlined part into a pronoun.

1) Est-ce que vous êtes rentrés chez vous?
   Oui,

2) Est-ce que Marie est restée chez Pierre?
   Non,

3) Est-ce que votre femme est sortie de la salle?
   Oui,

4) Est-ce que le chat est entré dans la chambre?
   Oui,

5) Est-ce que tes parents sont déjà arrivés?
   Non,

6) Est-ce que tes amies sont arrivées au musée?
   Oui,

Information utile!

- 《**Les emplois du passé composé**》 Uses of the past tense

1. Le passé composé represents an action accomplished in a certain point of time in the past.

   Louis XIV a construit le château de Versailles.

   Louis XIV built the Versailles Castle.

   J'ai joué au foot avec mes amis hier après-midi.

   I played the foot with my friends yesterday afternoon.

2. A succession of events in the past.

   J'ai attendu une demi-heure et un bus est arrivé. J'ai pris ce bus.

   I attended thirty minutes and a bus arrived. I took the bus.

   Nous avons fait une promenade et nous sommes entrés dans un restaurant pour le déjeuner.

   We took a stroll and we entered a restaurant for lunch.

3. An action conducted during a certain time in the past.

   On a conduit la voiture pendant neuf heures.

   We drove the car during nine hours.

4. A repeated action in the past.

   J'ai lu le roman de Zola trois fois.   I read Zola's novel three times.

   Je suis allé à Rome cinq fois.   I have been in Rome five times.

- *Allons plus loin!!*

   Le passé composé corresponds to several meanings in english. The exact meaning can be determined by the context.

	I ate.
J'ai mangé.	I have eaten.
	I did eat.

L'accord du participe passé/des adjectifs

1. L'accord avec le sujet Accord with the subject

(1) The adjectives which are combined with the verb ÊTRE.

Elle est mignonne.	She is pretty.
Ils sont grands.	They are tall.
Elles sont belles.	They are beautiful.

- **Attention please!**

La porte est ouverte.   The door is open.

In english, one can say 〈The door is opened.〉

〈The door is open.〉 transfers a meaning of state, and 〈The door is opened.〉 implies an action.

(2) In the expressions of past tense (passé composé).

Elle est née à Cheongju.	She was born in Cheongju.
Ils sont morts au combat.	They died in combat.
Elle est partie.	She started.
Ils sont arrivés.	They arrived.
Elles sont revenues.	They returned back.

- *Allons plus loin!!!*

You must pay attention to the status of these verbs. They are used as intransitive verbs. Among these verbs, some can be used as transitive verbs. For example:

(1a) Marie est sortie de la salle.   Marie went out from the room.

(1b) Ils sont descendus du soixantième étage.

　　They came down from the 60th floor.

(2a) Marie a sorti la clé de sa poche.

　　Marie took out the key from her pocket.

(2b) Ils ont descendu des bagages du wagon.

　　They brought down bags from the cargo.

In (1), the phrases are composed by intransitive verbs. But in (2), they are composed by transitive verbs. You can find the difference of structures. In (2), you can find the presence of the direct object of the transitive verb.

2. L'accord avec l'objet direct Accord with the direct object

(1) In case where the direct object is placed before the verb in the past tense(passé composé), the past participle must follow the gender and number of the pronoun (or noun) placed before the transitive verb.

J'ai fini mon devoir. → Je l'ai fini. (l' = mon devoir)
Il a fini ses devoirs. → Il les a finis. (les = ses devoirs)
Jean a acheté cette voiture. → Jean l'a achetée. (l' = la = cette voiture)
Paul a mangé les gâteaux.
   → Paul les a mangés. (les = les gâteaux)
Sylvie a montré ses photos à ses amis.
   → Sylvie les a montrées à ses amis. (les = ses photos)
   → Sylvie les leur a montrées. (les = ses photos, leur = à ses amis)

• *Allons plus loin!*

Quel jouet avez-vous acheté?	Which toy did you buy?
Quelle porte a-t-on ouverte?	Which door was opened?
Quels musées a-t-elle visités hier?	Which museums did she visit yesterday?
Quelles chaînes de télévision avez-vous regardées hier soir?	Which channels of T.V. did you see last evening?

• **Compare:**

Voilà des photos.	There are photos.
Sylvie a pris ces photos.	Sylvie took these photos.
Ce sont les photos que Sylvie a prises.	They are the photos that Sylvie took.
Regardez les tableaux que j'ai dessinés.	Look at the pictures that I drew.

(2) The case of pronominal verbs

When the pronoun plays a role of direct object of the transitive verb, the past participle must follow the gender and number of the direct object(=subject).

Elle se lave.	She washes hands.
→ Elle s'est lavée.	She washed hands.
Ils se sont lavés.	They washed themselves.
→ Elles se sont lavées.	They washed themselves.

• But attention!

Elle se lave les mains. She washes her hands.
Elle s'est lavé les mains. She washed her hands.
   (se = indirect object, les mains = direct object)

Elle s'est rappelé mon nom. She recalled my name.
   (mon nom = direct object)

Ils se sont écrit des lettres. (des lettres = direct object)
   They wrote the letters to each other.

• *Allons plus loin!*

Ils se téléphonent tous les jours.
Ils se sont téléphoné tous les jours. They telephoned to each other every day.
   (téléphoner à quelqu'un)

Ils se parlent l'un à l'autre.
Ils sc sont parlé l'un à l'autre. They talked to each other.
   (parler à quelqu'un)

• Compare:

Ils se sont aimés l'un l'autre. They loved each other.
   (aimer quelqu'un)

Allez! Du courage! Vous allez arriver au but.	You'll arrive at the goal.

Exercice

A. Transform the phrase into a past tense (passé composé).

1) Je suis content.
   →

2) Elle a une voiture rouge.
   →

3) Nous finissons notre devoir.
   →

4) Il lit un roman de Maupassant.
   →

5) Elle descend de l'escalier.
   →

6) Ils montent dans l'ascenseur.
   →

7) Elle sort des cuillers du panier.
   →

8) Ils passent trois mois en Espagne.
   →

9) Ils viennent des États-Unis.
   →

10) Quelle porte ouvre-t-il?
    →

11) Ils s'écrivent des lettres.
    →

12) Nous nous lavons les mains.
    →

13) Elles se regardent dans la glace.
    →

14) Quelle émission de TV regardes-tu?
    →

15) Marie et Jeanne se téléphonent tous les soirs.
    →

16) Pierre et Paul se connaissent depuis longtemps.
    →

B. Transform the underlined part into a pronoun.

1) Maman a couché ses enfants.
   →

2) Jean a rencontré cette jeune fille.
   →

3) Elle a voulu acheter cette voiture.
   →

4) Elle n'a pas pu acheter cette voiture.
   →

5) Son père lui a acheté cette voiture.
   →

6) Et sa mère lui a acheté des fleurs.
   →

C. Rewrite the sentence in the passé composé.

> Jeanne va au marché. Elle veut acheter des pommes, des poires et des cerises. Mais elle achète seulement des cerises. Elle rentre chez elle et elle mange des cerises. Et puis elle téléphone à ses amis pendant une demi-heure. Elle prend le dîner à 19 heures. Elle sort de nouveau faire une promenade. Elle se promène pendant une heure. Elle rentre chez elle. Elle se lave et elle s'endort à 23 heures.

Jeanne est allée au marché. Elle _____

Don't you think that french is interesting?

Leçon 40. C'était magnifique.

Mina : Tu as bien passé les vacances?
Anne : Oui, c'était magnifique.
Mina : Où es-tu allée?
Anne : Je suis allée à Casablanca au Maroc. Il faisait très beau. Le ciel était clair, le soleil brillait et la mer était tout transparente.
Mina : Alors, qu'est-ce que tu as fait là-bas?
Anne : Beaucoup de choses. Et je voulais visiter des mosquées. Mais malheureusement je n'ai pas pu y entrer, parce que je portais une jupe très courte. Il est interdit d'entrer dans ces lieux religieux avec une mini-jupe.

L'imparfait Imperfect tense

- **How to conjugate the IMPRFAIT**

Drop the ending ⟨-ons⟩ from the conjugated verb in the 1st person plural form, and attach the suffix written below to the stem:

Je	-ais	Nous	-ions
Tu	-ais	Vous	-iez
Il	-ait	Ils	-aient

- **For example:**

aimer → nous aimons → aim(stem) + suffix

J'	aimais	Nous	aimions
Tu	aimais	Vous	aimiez
Il	aimait	Ils	aimaient

ex. Elle aimait se promener seul.

finir → nous finissons → finiss(stem) + suffix

ex. Nous finissions nos devoirs.

- **Exception for the stem of the verb ÊTRE:**

J'	étais	Nous	étions
Tu	étais	Vous	étiez
Il	était	Ils	étaient

J'étais content du cours de français.   I was satisfied with the french course.
Mes amis étaient tous invités chez moi.   All my friends were invited at my home.

- **Uses**

This tense is used for describing the situation, habitual act, ongoing action or the succession of events in the past.

Compare the sets of examples below:

Il a écrit une lettre.	He wrote (has written) a letter.
Il écrivait une lettre.	He was writing a letter.
Elle a mangé dans le resto-U.	She ate at the resto-U.
Elle mangeait dans le resto-U.	She was eating at the resto-U.

- **Compare:**

(1) Je suis allé à la montagne dimanche dernier. (a single event)

    I went to the mountain last Sunday.

(2) J'allais à la montagne le dimanche. (repeated action)

    I used to go to the mountain every Sunday.

- **Comparison between the passé composé and the imparfait:**

Passé composé	Imparfait
1a) Describe a completed action, or a series of completed events or actions:	1b) Describe an ongoing action:
Elle est allée en France.	Elle allait en France.
Elle a visité des monuments.	Elle visitait des monuments.
2a) A single event in the past:	2b) Habitual or repeated action:
Je suis allé à Rome l'été dernier.	J'allais à Rome tout l'été.
J'ai visité le Vatican.	Je visitais le Vatican une fois par mois.
3a) An event or events occurred in the past:	3c) Description or background information:
Quand je suis entré dans la chambre, (toute ma famille...)	toute ma famille regardait la télé.
Quand j'ai retrouvé mon fils, (il ...)	il pleurait.

- *Information utile!*

One can say that the imparfait is generally used to describe the situation or the circumstance in the past, and the passé composé is used in general for the narration of events in the past.

- **Compare the texts below:**

  1) Il faisait très beau. Le ciel était tout bleu. Le soleil brillait. Les gens se promenaient dans des rues deux par deux. C'était un jour magnifique de printemps à Paris.

     (The weather was fine. The sky was very clear. It was shiny. The people was taking a walk on the road two by two. It was a wonderful day of spring in Paris.)

     This text describes the situation in the past.

  2) J'ai marché jusqu'à la place Saint-Michel. J'ai traversé le pont Saint-Michel et j'ai visité la cathédrale Notre-Dame. Et puis je suis rentré à l'hôtel à 18 heures

     (I went to the Saint-Michel Place on foot. I crossed the Saint-Michel bridge and visited the Cathedral Notre-Dame. And I returned back to hotel at 18 o'clock.)

     This text describes the actions occurred successively in the past.

- *Information utile!!*

  Some indications by which one can determine which tense to use, the passé composé or the imparfait:

Imparfait	Passé composé
autrefois (formerly) d'habitude (habitually) de temps en temps le samedi (le dimanche, etc) pendant que ...	au moment où samedi (dimanche, etc) plusieurs fois soudain (suddenly) tout à coup (suddenly) un jour (one day) un week-end une fois (once), deux fois ...
D'habitude, je visitais le musée d'Orsay. On se promenait dans le Jardin du Louxembourg le samedi après-midi. Pendant que je regardais la télé, il lisait un roman.	Au moment où j'ai fini mon devoir, je suis sorti faire une promenade. Je suis allé à Nice plusieurs fois. Un jour, nous sommes allés ensemble à l'Opéra.

Exercice

A. Rewrite the sentence in imparfait.

1) Il prend le métro.
   →

2) Ils descendent de l'escalier.
   →

3) Tu mets le ticket dans la boîte.
   →

4) Je lis un roman de Saint-Exupéry.
   →

5) Vous buvez du vin de Bordeaux.
   →

6) Il y a de la neige partout.
   →

7) Il fait froid.
   →

8) J'ai peur de ne pas pouvoir rentrer chez moi.
   →

B. Make a sentence by using the expressions provided.

> Model: d'habitude le dimanche / assiter à la messe
> → D'habitude le dimanche, j'assistais à la messe.
>   or D'habitude le dimanche, il/elle assistait à la messe.

1) d'habitude le samedi / aller au cinéma
   →

2) normalement au diner / prendre du vin
   →

3) après le repas / prendre un café expresso
   →

4) souvent l'après-midi / aller nager à la piscine municipale
   →

5) le dimanche matin / dormir en général jusqu'à sept heures et demie
   →

6) le soir / faire une promenade au parc Montsouris
   →

Une page de poème

Déjeuner du matin

Jacques Prévert

Il a mis le café
Dans la tasse
Il a mis le lait
Dans la tasse de café
Il a mis le sucre
Dans le café au lait
Avec la petite cuiller
Il a tourné
Il a bu le café au lait
Et il a reposé la tasse
Sans me parler
Il a allumé
Une cigarette
Il a fait des ronds
Avec la fumée
Il a mis les cendres
Dans le cendrier
Sans me parler
Sans me regarder
Il s'est levé
Il a mis
Son chapeau sur sa tête
Il a mis
Son manteau de pluie
Parce qu'il pleuvait
Et il est parti
Sous la pluie
Sans une parole
Sans me regarder
Et moi j'ai pris
Ma tête dans ma main
Et j'ai pleuré.

Ce poème est tiré du recueil 〈Paroles〉.

 Exercice

Rewrite the poem after changing the pronoun IL into JE and JE into TU.

J'ai mis le café dans la tasse

_____
_____

Unité VII

Table des matières

Leçon 41.　J'apprendrai plusieurs langues étrangères.
Leçon 42.　Comme il fait beau!
Leçon 43.　C'est celui de droite.
Leçon 44.　C'est la mienne.
Leçon 45.　Il marche très lentement.
Leçon 46.　Lequel de ces vélos est à toi?

Leçon 41. J'apprendrai plusieurs langues étrangères.

A Jacques, que vas-tu faire dans l'avenir?
B J'apprendrai plusieurs langues étrangères.
A Pourquoi?
B Parce que je veux devenir diplomate.
A C'est très bien. Mais tu devras bien travailler pour devenir diplomate.
B Oui, je sais. D'abord, j'irai en France pour apprendre le français, et puis je passerai quelque temps en Espagne pour apprendre l'espagnol. Ensuite je demeurerai au Portugal et en Allemagne aussi.
A Quelle ambition!

Le futur simple Future tense

- **The future tense is used to describe the future project or the previsions.**

Dans deux ans, je partirai pour la France.   In two years, I will go to France.
Quand je gagnerai au loto, j'achèterai une voiture.   When I gain a loto, I will buy a car.
Il pleuvra sûrement demain.   It will certainly rain tomorrow.

《How to make the future tense?》

1) For the verbs of 1st and 2nd group: one uses the infinitive form for the stem, and attaches the endings below:

Je	-ai	Nous	-ons
Tu	-as	Vous	-ez
Il	-a	Ils	-ont

2) If the word ends in -RE, one drops the final -E to make the stem.

ex. dire → dir..., prendre → prendr..., mettre → mettr..., etc

	regarder	choisir	prendre
Je	regarderai	choisirai	prendrai
Tu	regarderas	choisiras	prendras
Il	regardera	choisira	prendra
Nous	regarderons	choisirons	prendrons
Vous	regarderez	choisirez	prendrez
Ils	regarderont	choisiront	prendront

- **Irregular stems of some verbs:**

être → ser	avoir → aur	aller → ir
savoir → saur	faire → fer	venir → viendr
vouloir → voudr	pouvoir → pourr	devoir → devr
voir → verr	courir → courr	envoyer → enverr
recevoir → recevr	pleuvoir → pleuvr	tenir → tiendr

Nous irons à la campagne ce week-end.	We will go to the country this weekend.
J'aurai vingt-deux ans le mois prochain.	I will be 22 years old next month.
Tu feras bien ton devoir.	Do your assignment well.
On verra.	We will see.
Est-ce que vous pourrez faire ce travail?	Can you do this work?
Nous tiendrons notre promesse.	We will keep our promise.

- **One can transfer the future meaning by different expressions:**

  1) present tense

Je finis mon travail dans deux heures.	I finish my work in 2 hours.
Je pars pour la France la semaine prochaine.	I go to France nextweek.

  2) near future

Je vais finir mon travail dans deux heures.	I am going to finish my work in 2 hours.
Ils vont rester à Paris pendant deux mois.	They will stay in Paris during two months.

  3) future tense

Je finirai mon travail dans deux heures.	I will finish my work in 2 hours.
Elle partira pour Rome dimanche prochain.	She will start for Roma next Sunday.

Exercice

A. Transform the sentence into a future tense.

1) Nous mangeons dans un restaurant.
→

2) Elle choisit une jupe courte.
→

3) Il achète des chaussures de ski.
→

4) Tu envoies une carte à ton amie.
→

5) Nous écrivons à nos parents.
→

6) Elle fait son travail demain soir.
→

7) Est-ce que vous allez au Japon?
→

8) Ils reçoivent des lettres du directeur.
→

9) Tu dois tenir ta promesse.
→

10) Ils tiennent leur promesse.
→

11) Vous voyez les enfants de Mme Salord.
→

12) Cet enfant a quatre ans.
→

13) Nous allons au bord de la mer.
→

14) Vous êtes surpris des nouvelles.
→

15) Ils se souviennent de notre village.
→

16) Vous savez la réponse de cette question.
→

Une page de chanson

Octobre

Francis Cabrel

Le vent fera craquer les branches
La brume viendra dans sa robe blanche
Il y aura des feuilles partout,
Couchées sur les cailloux
Octobre tiendra sa revanche
Le soleil sortira à peine
Nos corps se cacheront sous des bouts de laine

Perdue dans tes foulards tu croiseras le soir
Octobre endormi aux fontaines
Il y aura certainement,
Sur les tables en fer blanc
Quelques vases vides et qui traînent
et des nuages pris aux antennes

Je t'offrirai des fleurs et des nappes en couleurs
Pour ne pas qu'Octobre nous prenne
On ira tout en haut des collines
Regarder tout ce qu'Octobre illumine
Mes mains sur tes cheveux
Des écharpes pour deux
Devant le monde qui s'incline
...

 Exercice

- Transform the future tense into the present and rewrite the text.

Le vent fait craquer les branches
_____
_____

Leçon 42. Comme il fait beau!

A : Comme il fait beau aujourd'hui!
B : C'est vrai. Il fait très beau. On se promène dans le parc?
A : Pourquoi pas?

La phrase exclamative Exclamatory sentence

- **How to make an exclamatory sentence?**

**1. By adding QUE or COMME to the initial of a sentence.
In this case, QUE or COMME is a conjunction.**

Il fait beau.
→ Qu'il fait beau!　　　　　　　How wonderful weather it is!
→ Comme il fait beau!
→ Qu'est-ce qu'il fait beau!

Tu es gentille.
→ Que tu es gentille!　　　　　　How kind you are!
→ Comme tu es gentille!

Elle est belle.
→ Qu'elle est belle!　　　　　　　How pretty she is!
→ Comme elle est belle!

2. By adding an interrogative adjective Quel(Quelle, Quels, Quelles) to a noun.

Quel(Quelle, Quels, Quelles) + Nom!

Il fait très beau. → Quel beau temps!　　　　What a wonderful day!
Il fait très chaud. → Quelle chaleur!　　　　　How hot it is!
Elle est très belle. → Quelle belle fille!　　　　How pretty she is!
Quel sale temps!　　　　　　　　　　　　　What a bad weather!
Quelle horreur!　　　　　　　　　　　　　　How horrible it is!
Quelle triste nouvelle!　　　　　　　　　　　How sad news!
Quelles charmantes dames!　　　　　　　　How charming women!

Exercice

A. Make an exclamatory sentence.

> Model: Il est très grand.
>   → Qu'il est grand! or Comme il est grand!

1) Elle est très jolie.
   →

2) Tu as de la chance.
   →

3) Il fait très froid aujourd'hui.
   →

4) Il est très amoureux de sa fiancée.
   →

5) Ils sont très courageux.
   →

6) Vous êtes très gentille.
   →

B. Imitate the model.

> Model: Ce garçon est très grand.
>   → Quel grand garçon!

1) Cette couleur est très belle.
   →

2) Cette dame est très charmante.
   →

3) Il fait très chaud.
   →

4) Ces nouvelles sont très tristes.
   →

5) Cette idée est très bonne.
   →

6) Ces hommes sont très gentils.
   →

Leçon 43. C'est celui de droite.

A : A qui est ce sac?
B : Lequel?
A : Celui de droite.
B : C'est à Jeanne. Elle est sortie tout à l'heure.
  Mais elle reviendra dans cinq minutes.

Les pronoms démontrastifs Demonstrative pronouns

	s.	pl.
m.	celui	ceux
f.	celle	celles

- **Uses:** They are used to indicate something or someone.

C'est le cahier de Sophie. → C'est celui de Sophie.
  It is Sophie's notebook.
C'est la montre de Michel. → C'est celle de Michel.
  It is Michel's watch.
Ce sont les chiens de Marie. → Ce sont ceux de Marie.
  They are Marie's dogs.
Ce sont les voitures de mon oncle. → Ce sont celles de mon oncle.
  They are my uncle's cars.

- ***Information utile!!***

One can specify the distance by attaching -ci or -là to the pronouns.

A Il y a deux voitures ici.
   Laquelle préfères-tu, celle-ci ou celle-là?
B Je préfère celle-ci. Surtout la couleur de celle-ci me plaît.

Tu veux choisir lequel de ces deux jeans, celui-ci ou celui-là?
  You choose which one of these two jeans, this one or that one?
Moi, je prends celui-là.   As for me, I choose that one.
Il y a beaucoup de manifestants dans la rue. Ceux-ci sont pour et ceux-là sont contre le gouvernement.
  There are many demonstrators on the road. These are for and those are against the government.

Exercice

A. Imitate the model.

> Model: Ce sont les cahiers de Michel.
> → Ce sont ceux de Michel.

1) Je regarde les tableaux du 18ème siècle.
   →

2) Elle achète les robes de ce magasin.
   →

3) Ne bouge pas la table de droite.
   →

4) Jean préfère la voiture de gauche.
   →

5) Il adore les chansons de C. Dion.
   →

6) Vous cherchez les livres de Paul?
   →

B. Answer the question (free response).

1) Vous choisissez quelle place dans l'avion, la place du côté fenêtre ou celle du côté couloir?
   →

2) Il y a deux voitures: celle-ci est noire et l'autre est rouge.
   Laquelle de ces voitures préférez-vous?
   →

3) Il y a deux groupe de gens dans la rue. Celui-ci se dirige vers le cinéma, et l'autre se dirige vers le stade de baseball.
   Auquel de ces deux groupes vas-tu participer?
   →

4) Des gens se devisent en deux groupes sur le projet de réforme. Ceux-ci sont pour et les autres sont contre. Vous participez auxquels de ces groupes?
   →

C. Make a small dialogue with your partner by using the expressions above mentioned.

Leçon 44. C'est la mienne.

A : Où est ta bicyclette, Paul?
B : La voilà, juste à côté de l'entrée de l'immeuble.
B : C'est celle de couleur bleue?
B : C'est ça. Mais toi, où est la tienne?
A : Justement, je suis en train de la chercher.
    Je n'ai pas encore trouvé la mienne.

Les pronoms possessifs Possessive pronouns

	m.s	m.pl.	f.s.	f.pl.
1 possesseur	le mien	les miens	la mienne	les miennes
	le tien	les tiens	la tienne	les tiennes
	le sien	les siens	la sienne	les siennes
plusieurs possesseur	le nôtre	la nôtre	les nôtres	les nôtres
	le vôtre	la vôtre	les vôtres	les vôtres
	le leur	la leur	les leurs	les leurs

They transfer the meaning of possession.

- **How to make the possessive pronouns?**

mon chien	sa cravate	votre maison	leurs enfants
le mien	la sienne	la vôtre	les leurs

As you can see above, the possessive adjectives are complicated in french. One must know the gender and the number of the noun(possessed object) in question, in order to transform this noun into a pronoun preceded by a possessive adjective. One puts the definite article corresponding to the noun before the pronoun which refers to the possessor.

- ***Allons plus loin!!!***

Other expressions made with a pronoun.

　　Voilà ma voiture. → La voilà.
　　Voilà les femmes d'affaires. → Les voilà.
　　Voici des oeufs. → En voici.
　　Voilà un T.G.V. → En voilà un.
　　Te voilà!　Vous voilà!

Exercice

A. Fill in the blank like the model.

> Model: Je te demande de me prêter ton portable,
> parce que le mien est en panne.

1) Je te demande de me prêter (　　　　) parapluie,
   parce que j'ai perdu (　　　　).
2) Je vous demande de me prêter (　　　　) montre,
   parce que (　　　　) ne marche pas.
3) J'ai demandé à Sylvie de me prêter (　　　　) cahiers,
   parce que je n'ai pas apporté (　　　　).
4) Je demande à mes parents de me prêter (　　　　) voiture,
   parce que je n'ai pas encore (　　　　).

B. Answer the question by using the possessive pronoun.

1) Est-ce que ce sont <u>les livres de Paul</u>?
   Oui,
2) Est-ce que c'est <u>la voiture de tes parents</u>?
   Non,
3) Est-ce que tu as fini <u>tes devoirs</u>?
   Oui,
4) Est-ce que vous avez regardé <u>votre maison</u>?
   Non,
5) Mesdames, est-ce que ce sont <u>vos manteaux</u>?
   Non,
6) Est-ce que c'est <u>la cravate de Jean</u>?
   Oui,
7) Est-ce que ce sont <u>les bijoux de Madame Duchamps</u>?
   Oui,
8) Est-ce que ce sont <u>les disquettes de Michel</u>?
   Non,
9) Est-ce que ce sont <u>nos gâteaux</u>?
   Non,
10) Est-ce que ce sont <u>les robes de vos étudiants</u>?
    Oui,

Leçon 45. Il marche très lentement.

A : Regarde cet homme. Il marche très lentement.
B : C'est vrai. Il ne court jamais.

Les adverbes Adverbs

They are the words which serve to define a verb or adjective. They can be used also to define a clause. They are invariable words.

Some examples of adverb: bien, vite, mal, beaucoup, fort, tôt, tard, trop, lentement, heureusement, etc.

Parlez plus fort.	Speak more loudly.
Elle mange trop.	She eats too much.
Elle parle vite.	She talks rapidly.
Cet homme marche lentement.	This man walks slowly.
Heureusement il n'est pas mort.	Fortunately he did not die.

(〈Heureusement〉 defines the clause.)

- There are adverbs which are derived from the adjectives. These adjectives are made by this way:

1. By attaching '-ment' to the feminine form of adjective, one makes the adverb in french.

actif - active → activement	actively
doux - douce → doucement	softly
fou - folle → follement	madly
froid - froide → froidement	coldly
heureux - heureuse → heureusement	happily
haut - haute → hautement	highly

2. For the adjectives which end by -e, one attaches simply '-ment' to this adjective.

calme → calmement	calmly
juste → justement	justly

3. For the adjectives which end by -ant or -ent, one attaches '-amment' or '-emment'.

constant → constamment	constantly
puissant → puissamment	forcefully
évident → évidemment	evidently
intelligent → intelligemment	intelligently

4. For the adjectives which terminate by a vowel, one adds simply '-ment' to this adjective.

honnête → honnêtement	honestly
sûre → sûrement	surely
indéfini → indéfiniment	indefinitely
poli → poliment	politely

5. Others

gentil → gentiment	kindly/gently
joli → joliment	beautifully
profond → profondément	profoundly
énorme → énormément	enormously

Les locutions adverbiales Adverbial locutions

There can be some adverbial phrases formed in general by the combination of a noun with a preposition. For example,

avec amitié	=	amicalement	friendly
avec bonheur	=	heureusement	happily
avec douceur	=	doucement	softly
avec lenteur	=	lentement	slowly
avec joie	=	joyeusement	joyfully
en gentillesse	=	gentiment	gently
en hâte	=	hâtivement	hurriedly
en paix	=	paisiblement	peacefully etc.

These adverbial locutions play the same role as the adverb in the sentence. They serve to define a verb or a clause.

• *Allons plus loin!!*

1. There are some nouns ending by -ment which are derived from adjectives.

vieux - vieillir → vieillissement	getting old
grand - grandir → grandissement	growth
grand - agrandir → agrandissement	making bigger
rond - arrondir → arrondissement	making round
noir - noircir → noircissement	making black
rouge - rougir → rougissement	turning red

2. There are many nouns which terminate by -ment. The nouns ending by -ment are masculine.

l'accompagnement	accompaniment	le déplacement	movement
l'enseignement	education	le gouvernement	government
le changement	change	le fondement	basement
le monument	monument		
etc.			

• **Attention please!!!**

You must not confuse the class of these words, because their function is completely different from the adverb. The noun is preceded by an article or an equivalent word, for example an adjective. But the adverb functions as a word which defines a verb or a clause.

Sometimes the position of the adverb induces the difference of meaning.   For example,

(1) Heureusement il n'est pas mort.　　　Fortunately he didn't die.
(2) Il n'est pas mort heureusement.　　　He didn't die fortunately.

In (1), the adverb 〈Heureusement〉 defines the clause 〈il n'est pas mort〉, but in (2) the adverb defines the verb 〈mourir〉.

Exercice

A. Write the adverbial form of the given word.

    1) fou   -

    2) principal -

    3) premier -

    4) constant -

    5) fréquent -

    6) absolu -

    7) vrai -

    8) récent -

    9) précis -

    10) franc -

    11) passif -

    12) sec -

    13) régulier -

    14) long -

B. Transform the underlined part into an adverb, and rewrite the sentence. Pay attention to the position of adverb.

    1) Marjolaine a souri <u>avec joie</u>.

      →

    2) On a conclu un accord <u>en paix</u>.

      →

    3) Elle a prononcé les mots <u>avec douceur</u>.

      →

    4) Tout le monde est sorti de la salle <u>en hâte</u>.

      →

    5) Pierre a conduit la voiture <u>en toute vitesse</u>.

      →

    6) Paul a envoyé une lettre à Jeanne <u>avec amitié</u>.

      →

Leçon 46. Lequel de ces vélos est à toi?

A : Lequel de ces vélos à toi?
B : Celui qui est à côté de la porte est le mien.
A : Celui qui porte la marque BA?
B : C'est ça. Je le garde depuis six ans.

Les pronoms interrogatifs variables — Variable interrogative pronouns

	s.	pl.
m.	lequel	lesquels
f.	laquelle	lesquelles

These pronouns are called ⟨les pronoms interrogatifs variables⟩ because their form varies in accordance with the corresponding noun. They are formed by the mixture of the interrogative adjective with the definite article.
They transfer a meaning of selection or choice among many possibilities.

Lequel de ces chiens court le plus vite?   Which dog (among these) runs the fastest?
Laquelle de ces robes te plaît?   Which one of these clothes please you?
Lesquels de ces cars vont à Kwangju?   Which buses (among these) go to Kwangju?
Lesquelles de ces bicyclettes se vendent bien?   Which bicycles (among these) are sold well?
Il y a deux chemins pour y aller. Lequel veux-tu choisir?
  There are two ways to go there. Which way do you want to choose?

Il y a deux dates possibles pour notre voyage au Maroc, le 21 ou le 23 mars. Laquelle est meilleure pour toi, ma chérie?
  There are two possible days for our journey to Maroc, 21st or 23rd. Which day is better for you, darling?

[Tip!]
Je veux acheter quelques romans.   I want to buy some novels.
  Lesquels?   Which ones?

* The invariable pronouns can be used solely.

• *Allons plus loin!!!!!*

Les pronoms relatifs variables Variable relative pronouns

The same forms are also used as relative pronouns. In this case, one can specify the antecedent.

(1) le frère de Mireille lequel habite à Dijon
(2) le frère de Mireille laquelle habite à Dijon

In (1), the antecedent is ⟨le frère⟩, and in (2) it is ⟨Mireille⟩.

These pronouns can be accompanied by a preposition. In this case, you must pay attention to a little modification of form.

(3) le jardin dans lequel je me promène   the garden in which I take a walk
(4) la table sur laquelle je mets des livres   the table on which I lay books
(5) Other examples:

	m.s.	f.s.	m.pl.	f.pl.
à + pronom	auquel	à laquelle	auxquels	auxquelles
de + pronom	duquel	de laquelle	desquels	desquelles

Voilà les meubles de cette maison auxquels je m'intéresse.
   = Voilà les meubles de cette maison. + Je m'intéresse aux meubles.
      There are furnitures of the house in which I am interested.
      The antecedent is ⟨les meubles⟩.

Voilà les meubles de cette maison à laquelle je m'intéresse.
   = Voilà les meubles de cette maison. + Je m'intéresse à cette maison.
      There are furnitures of the house in which I am interested.
      The antecedent is ⟨cette maison⟩.

Voilà les meubles de cette maison desquels j'ai parlé.
   = Voilà les meubles de cette maison. + J'ai parlé de ces meubles.
Voilà les meubles de cette maison de laquelle j'ai parlé.
   = Voilà les meubles de cette maison. + J'ai parlé de cette maison.

Exercice

A. Choose one of the interrogative pronouns 〈lequel, laquelle, lesquels, lesquelles〉.

1) (　　　　) de ces films t'intéresse le mieux?
2) (　　　　) de ces voitures coûte le plus cher?
3) C'est le bureau sur (　　　　) nous mettons nos objets.
4) Parmi les photos d'ici, (　　　　) sont de haute qualité?
5) Le portable avec (　　　　) il me téléphone fonctionne mal.
6) (　　　　) des hôtels de Paris reçoivent de bonne réputation?
7) Les dossiers sur (　　　　) elle travaille sont de grande valeur.
8) Parmi les pays d'Afrique, (　　　　) sont des pays francophones?
9) Cette usine dans (　　　　) il travaille fabrique des machines électroniques.
10) Vous choisissez (　　　　) de ces moyens de transport: le train ou le bus?

B. Transform the two sentences into one by using a relative pronoun.

1) Il y a un problème. Je pense souvent à ce problème.
　→

2) Il y a une réunion. Je vais participer à cette réunion.
　→

3) Il y a une pharmacie. Elle travaille près de cette pharmacie.
　→

4) Voilà un sac. Sophie garde beaucoup de choses dans ce sac.
　→

5) On va organiser une société. Jean veut appartenir à cette société.
　→

6) Monsieur Cho donne des cours. Je m'intéresse beaucoup à ces cours.
　→

7) Il me dit la raison. Il a refusé mon invitation pour cette raison.
　→

8) Elle achète des stylos. Elle va écrire un roman avec ces stylos.
　→

9) Le musée se trouve en banlieue. Il se dirige vers ce musée.
　→

10) La salle est calme. Nous travaillons dans cette salle.
　→

Unité VIII

Table des matières

Leçon 47. Qui est arrivé le premier?
Leçon 48. C'est moi qui ai fait cela.
Leçon 49. C'est elle que tout le monde admire.
Leçon 50. Je téléphone à mon ami en regardant la télé.
Leçon 51. Sylvie lui avait prêté un livre.
Leçon 52. Si tu gagnais au loto, que ferais-tu?
Leçon 53. La Tour Eiffel a été construite par Gustave Eiffel.
Leçon 54. Je prie que Dieu te bénisse.

Leçon 47. Qui est arrivé le premier?

A : Qui est-ce qui est arrivé le premier ce matin?
B : C'est moi qui suis arrivé le premier.
A : Bien fait. Je vais te donner une récompense.
B : Merci beaucoup, Monsieur le professeur.

Les adjectifs interrogatifs Interrogative adjectives

	About thing	About someone
Subject	Qu'est-ce qui	Qui est-ce qui / Qui
Object	Qu'est-ce que / Que	Qu'est-ce que / Qui

Qu'est-ce qui se passe? What is happening?
Qu'est-ce que tu cherches? What are you looking for?
  = Que cherches-tu?
Qui est-ce qui fait ce bruit? Who makes this noice?
  = Qui fait ce bruit?
Qui est-ce que tu n'aimes pas? Whom don't you like?
  = Tu n'aimes pas qui?

- **These interrogative adjectives can be combined with a preposition. In this case, there can be a little modification of form.**

  À quoi est-ce que tu penses? What do think about?
    = À quoi penses-tu?
      (The expression À qu'est-ce que tu penses? is incorrect.)
  À qui est-ce que tu penses? Whom do you think about?
    = À qui penses-tu?
  De quoi est-ce que tu parles? What are you talking about?
    = De quoi parles-tu?
      (The expression De qu'est-ce que tu parles? is incorrect.)
  De qui est-ce que tu parles? Whom are you talking about?
    = De qui parles-tu?
  Pourquoi est-ce que tu pleures? Why are you crying?
    = Pourquoi pleures-tu?
  Pour qui est-ce que vous travaillez? For whom do you work?
    = Pour qui travaillez-vous?

Exercice

A. Imitate the model.

> Model: Je regarde cette photo.
> → Qu'est-ce que tu regardes?

1) Ils boivent du vin français.
 →

2) Les allemands préfèrent la bière au vin.
 →

3) Elle n'aime pas son ami Jacques.
 →

4) Il n'aime pas la musique classique.
 →

5) Ces tables sont en bois.
 →

6) Elle cherche le plan de Paris.
 →

7) Ils veulent participer à une société.
 →

8) Il téléphone à Sylvie.
 →

B. Complete with one of the expressions ⟨qui, que, quoi⟩.

1) (   ) faites-vous? - Je dessine.
2) (   ) dessinez-vous? - C'est Napoléon.
3) (   ) veux-tu rencontrer? - C'est Sophie Marceau.
4) (   ) peut me répondre? - Moi.
5) (   ) voulez-vous? - Je veux me promener.
6) À (   ) penses-tu? - À mon amie Sandrine.
7) À (   ) penses-tu? - À mon pays natal.
8) Pour (   ) travailles-tu? - Pour ma famille.
9) De (   ) parlez-vous? - On parle de l'accident d'hier.
10) De (   ) parles-tu? - Je parle du Président de la République.

Leçon 48. C'est moi qui ai fait cela.

A : Qui court le plus vite dans ta classe?
B : C'est Minji qui court le plus vite dans ma classe.
A : Toi aussi, tu cours très vite.
B : Mais je cours moins vite qu'elle.

La mise au point Emphasis

C'EST ... QUE / QUI	It is ... that

⟨C'est ... qui ...⟩ is used to focalize the subject of the sentence. And for the focalization of other elements, one uses ⟨C'est ... que ...⟩.

- **Example:**

    Mireille a envoyé une carte à Daniel hier.   Mireille sent a card to Daniel yesterday.

- **From this sentence, one can bring to a focus one of the underlined parts.**

    → C'est Mireille qui a envoyé une carte à Daniel hier.
       It is Mireille who sent a card to Daniel yesterday.
    → C'est une carte que Mireille a envoyée à Daniel hier.
       It is a card that Mireille sent to Daniel yesterday.
    → C'est à Daniel que Mireille a envoyé une carte hier.
       It is to Daniel that Mireille sent a card yesterday.
    → C'était hier que Mireille a envoyé une carte à Daniel.
       It was yesterday that Mireille sent a card to Daniel.

- **Compare the sentences below:**

    1) C'est Mireille qui a envoyé une carte à Daniel hier.
    2) C'est à Daniel que Mireille a envoyé une carte hier.
    In 1), the word QUI corresponds to a relative pronoun. And in 2), the word QUE is a conjunction.

- **Attention!**

    - C'est une carte que Mireille a envoyée à Daniel hier.
    ⟨e⟩ is attached to the past participle ⟨envoyé⟩. Do you know the reason?

Exercice

A. Bring to a focus the underlined part.

> Model: Je dessine des fleurs.
>
> Ce sont des fleurs que je dessine.

1) Nous cherchons le Jardin du Luxembourg.
   →

2) Nous nous dirigeons vers la Tour Eiffel.
   →

3) Je veux prendre le bateau à voiles.
   →

5) Jacques a acheté ces gâteaux pour moi.
   →

6) Ils ont franchi les Alpes.
   →

7) Elle m'a téléphoné hier soir.
   →

8) Je leur donne de l'argent.
   →

B. Imitate the model.

> Model: Qui a dessiné cela? C'est Paul?
>
> → Oui, c'est lui qui a dessiné cela.

1) Qui est le plus grand? C'est toi?
   → Non,
2) Qui va me répondre? C'est toi?
   → Oui,
3) Qui est arrivé le premier? C'est Sylvie?
   → Oui,
4) Qui a cassé les fenêtres? Ce sont ces enfants?
   → Oui,
5) Qui fait ce bruit? C'est vous, les enfants?
   → Non,
6) Qui a acheté cet ordinateur? C'est tes parents?
   → Non,

Leçon 49. C'est elle que tout le monde admire.

A : C'est Minji qui court le plus vite dans ma classe.
B : C'est elle que tout le monde admire.

Les pronoms relatifs (1) Relative pronouns

Function	Form
Subject	qui
Object	que

The relative pronouns are the words whose function is to make a relation between the elements of propositions. One can use these pronouns in order to make one sentence from two separate propositions.

QUI is used in the place of a subject which refers to a person (someone) as well as to an object (something). QUE is used in the place of direct object.

Je cherche une dame. Cette dame m'a rendu un service.
→ Je cherche la dame qui m'a rendu un service.
    I am looking for the woman who gave me a service.

In this sentence, ⟨la dame⟩ is called an antecedent, and ⟨qui⟩ is a relative pronoun. The antecedent is a person.

Regardez les tableaux. Ces tableaux représentent la révolution française.
→ Regardez les tableaux qui représentent la révolution française.
    Look at the pictures which represent the french revolution.

In this sentence, the antecedent is an object.

Il regarde le film. Luc Besson a mis en scène ce film.
→ Il regarde le film que Luc Besson a mis en scène.
    He looks at the film that Luc Besson has directed.
  (antecedent → film = an object)

Pierre téléphone à une jeune fille. Il a rencontré cette jeune fille hier.
→ Pierre téléphone à une jeune fille qu'il a rencontrée hier.
    Pierre telephones to a girl whom he met yesterday.
  (antecedent → une jeune fille = a person)

Watch out! Can you explain the reason why the ⟨e⟩ is present at the word ⟨rencontrée⟩?

- **Attention!**

    QUI can be preceded by a preposition. In this case, ⟨qui⟩ is not a subject.

    La jeune fille avec qui je travaille s'appelle Mimosa.

    The name of the girl with whom I work is Mimosa.

    Le jeune homme à qui j'ai téléphoné est très gentil.

    The young man whom I telephoned is very kind.

- ***Allons plus loin!!***

    - Modification of certain pronouns

    J'ai fait ce travail.

    → C'est moi qui ai fait ce travail.

    It is I who did this work.

    Il a reçu une grande récompense.

    → C'est lui qui a reçu une grande récompense.

    It is he who received a big compensation.

    Ils ont réussi à l'examen.

    → Ce sont eux qui ont réussi à l'examen.

    = C'est eux qui ont réussi à l'examen.

    It is they who succeeded in the exam.

⟨CE QUI⟩ et ⟨CE QUE⟩ = the thing that

Ce qui n'est pas claire n'est pas français.

The thing which is not clear is not french.

Ce que j'aime, c'est le foot.

The thing that I like, it is football.

Je cherche ce qui me plaît.

I am looking for the thing that interests me.

Je comprends bien ce que tu dis.

I understand well what you say.

- **Compare:**

Je comprends bien ce dont tu parles.

I understand well what you are speaking about.

Les pronoms relatifs (2) Relative pronouns

| OÙ | where/when |

The antecedent of this pronoun can be an expression of time or place.
Note that in english one uses ⟨when⟩ for time and ⟨where⟩ for place.

C'est le moment où nous devons partir.   It's time when we must start.
   = C'est le moment. + Nous devons partir à ce moment.
Pierre est retourné dans le pays où il est né.
   Pierre has returned back to the country where he was born.
   = Pierre est retourné dans le pays. + Il est né dans ce pays.

| DONT | of which |

- **This relative is used in different situations. It contains the preposition DE.**

   1) a cause

      Personne ne connaît la maladie dont il est mort.
         Nobody knows the disease by which he died.
      = Personne ne connaît la maladie. Il est mort de cette maladie.

   2) a method

      La façon dont il m'a parlé n'est pas correcte.
         The manner by which he spoke to me is not correct.
      = La façon n'est pas correcte. Il m'a parlé de cette façon.

   3) the origin

      Je connais bien la famille dont elle descend.
         I know well the family from which she descended.

   4) a possession

      Jules Verne est un écrivain dont on lit les romans.
         Jules Verne is a writer whose novels we read.
         (ses romans is transformed into dont ... les romans)

   5) a part of a totality

      Voilà la somme dont la moitié doit être donnée à Paul.
         There is a sum of which the half must be given to Paul.
      C'est la compagnie dont Philippe est directeur.
         It is the company of which Philippe is the director.

Exercice

A. Transform the two sentences into one by using a relative pronoun.

   1) J'attends le bus. Ce bus passe devant chez moi.
      →

   2) Cet enfant est très aimable. Nous cherchons cet enfant.
      →

   3) Il traverse le pont. Jean a dessiné ce pont.
      →

   4) Il bavarde avec Madame Martin. Pierre a salué cette dame.
      →

   5) Jean se promène avec ses amis. Jean travaille dans une banque.
      →

   6) Je n'aime pas le bruit. Les enfants font ce bruit.
      →

   7) Je suis en train de lire une lettre. Rousseau a écrit cette lettre.
      →

   8) Regardez les vêtements. J'ai acheté ces vêtements aux Champs-élysées.
      →

   9) Ces amis sont italiens? Tu parles avec ces amis.
      →

  10) Voilà ma famille. Je travaille pour ma famille.
      →

  11) Je rentre dans mon village. Je suis né dans ce village.
      →

  12) Le jour était au mois de février. Il est né à ce jour.
      →

  13) Regarde cette voiture! Je rêve de cette voiture.
      →

  14) Il est arrivé un accident. Je suis responsable de cet accident.
      →

  15) Où se trouve le cinéma? Nous avons parlé de ce cinéma.
      →

  16) Je n'aime pas la manière. Elle parle de cette manière.
      →

Leçon 50. Je téléphone à mon ami en regardant la télé.

A : Minji, combien d'actions peux-tu faire simultanément?
B : Je ne sais pas. Peut-être deux.
A : Par exemple?
B : Je téléphone à mon ami en regardant la télé.
A : Très bien.

Le gérondif Gerundive

1. How to make a gerundive?

One attaches the final 〈ant〉 to the stem of the 1st person plural. This word is called 〈participe présent〉. One puts the preposition EN before this 〈participe présent - *the present participle*〉 to make a gerundive expression.

- **For example:**

    manger → en mangeant   choisir → en choisissant
    aller → en allant   prendre → en prenant

- **Some verbs take special stem for the gerundive.**

    être: nous sommes → en étant   avoir: nous avons → en ayant
    savoir: nous savons → en sachant

2. Uses

1) An action which is occurred simultaneously.
   Je marche en chantant.   I walk and sing at the same time.
   Elle mange en regardant la télé. She eats and looks at the TV simultaneously.

2) An action of cause
   En mangeant trop, elle est tombée malade.
       She made herself ill by overeating.
   En faisant ainsi, il a réussi à l'examen.
       By doing like this, he succeeded in the exam.

3) A succession(or enumeration) of events
   Je fais plusieurs actions en même temps, en marchant, en chantant et en dansant, etc.
       I do many things simultaneously, by walking, singing and dancing, etc.

Exercice

A. Make a present participle(participe présent) of the given verb.

1) aller -   2) venir -
3) réunir -   4) mettre -
5) vouloir -   6) devoir -
7) avancer -   8) dire -
9) jeter -   10) conduire -
11) boire -   12) tenir -
13) partir -   14) courir -
15) être -   16) avoir -

B. Transform the expressions by using a gerundive.

1) Pierre parle beaucoup et il joue du piano en même temps.
   →

2) Nous chantons et nous marchons en même temps.
   →

3) Si vous cherchez, vous trouverez.
   →

4) Si tu travailles trop, tu vas tomber malade.
   →

5) Comme vous apprenez le français, vous trouverez un poste.
   →

6) Comme tu continues de fumer, tu ne vivras pas longtemps.
   →

7) Il a conduit doucement. Il n'a pas eu d'accident.
   →

8) Jean a trop bu. Il est hospitalisé.
   →

9) Sophie est partie très tôt. Elle est arrivée en avance.
   →

10) Mes amis sont arrivés en retard. Ils nous ont dit pardon.
    →

Leçon 51. Sylvie lui avait prêté un livre.

A : Philippe n'a pas apporté le livre que Sylvie lui avait prêté il y a un mois.
B : Peut-être il a complètement oublié le livre.
A : Mais ce n'est pas possible, parce qu'il avait promis à Sylvie de l'apporter samedi dernier.
B : C'est vrai?

Le plus-que-parfait Past perfect tense

Auxiliaire AVOIR/ÊTRE à l'imparfait + Participe passé

This tense is used to represent an action or an event which was occurred prior to another in the past. In english, this will be represented by an expression of past perfect tense 〈HAD + Past Participle〉.

J'avais terminé mon travail avant son départ.
> I had finished my work before his(her) departure.

Elles étaient déjà arrivées à 21 heures.
> They(female) had already arrived at 21 o'clock.

Je t'ai dit que j'avais fini mon travail.
> I told you that I had finished my work.
> = Je t'ai dit: 《J'ai fini mon travail.》

Elle a dit qu'elle s'était levée tôt la veille.
> She said that he had woken up early the day before.
> = Elle a dit: 《Je me suis levée tôt hier.》

• ***Allons plus loin!!!***

Il me dit qu'il a fini son travail.
   = Il me dit: 《J'ai fini mon travail.》
Il m'a dit qu'il avait fini son travail.
   = Il m'a dit: 《J'ai fini mon travail.》

Exercice

A. Imitate the model.

> Model: Quand tu es arrivé, ton frère avait déjà mangé?
> → Oui, quand je suis arrivé, il avait déjà mangé.

1) Quand vous avez fini votre devoir, votre mère avait déjà préparé le dîner?
→

2) Quand votre mari est rentré, vous vous étiez déjà endormie?
→

3) Quand le cours a commencé, tu avais déjà eu le livre?
→

4) Quand la cloche a sonné, les gens s'étaient déjà levés?
→

5) Quand je t'ai téléphoné, tu avais déjà fini tes devoirs?
→

6) Quand tu m'a écrit cette lettre, tu avais déjà passé l'examen?
→

B. Transform the expressions into one sentence.

1) Jeanne a dit: 《J'ai été très contente.》
→

2) Paul a dit: 《Il a plu la semaine dernière.》
→

3) Jean a dit: 《Jeanne a rencontré Sylvie.》
→

4) Pierre dit à Jeanne: 《Je t'ai téléphoné hier.》
→

5) Michel a répondu à Pierre: 《Je n'ai pas été à la maison.》
→

6) Mes parents ont dit: 《Nous sommes rentrés à 18 heures.》
→

7) Ils ont répondu: 《Nous avons fait un bon voyage.》
→

Leçon 52. Si tu gagnais au loto, que ferais-tu?

A : Samuel, si tu gagnais au loto, qu'est-ce que tu ferais?
B : Eh bien. J'achèterais d'abord une voiture de luxe, et je partirais en voyage.
A : Et Sylvie?
C : Moi, si je gagnais assez d'argent, je construirais un villa au bord de la Méditerranée. Et je m'installerais là-bas pour passer les vacances.

Le conditionnel Conditional mode

The conditional is used to express a politeness or a supposition. In english, one can transfer this meaning by using the expression WOULD plus the infinitive: ⟨I would buy a car, He would go to France, etc.⟩

- **Example:**

	aimer	finir	prendre	vouloir
Je	aimerais	finirais	prendrais	voudrais
Tu	aimerais	finirais	prendrais	voudrais
Il	aimerait	finirait	prendrait	voudrait
Nous	aimerions	finirions	prendrions	voudrions
Vous	aimeriez	finiriez	prendriez	voudriez
Ils	aimeraient	finiraient	prendraient	voudraient

As you can see above, the stem is same as that of future tense and the suffix is same as that of imparfait.

1. To express polite requests or inquiries:

J'aimerais vous demander votre numéro de téléphone.
   I would like to ask your telephone number.

Nous voudrions sortir ensemble pour une promenade.
   We'd like to go out to take a walk.

Pourriez-vous m'aider s'il vous plaît?
   Would you help me?

Paul voudrait partir avec moi.
   Paul would like to leave with me.

2. **To express the principal clause of a sentence which contains the supposition or hypothesis beginning by Si (= if):** $\boxed{\text{Si + imparfait, ... Conditionnel}}$

   Si tu avais beaucoup d'argent, que ferais-tu?
   >If you had enough money, what would you do?

   J'irais avec vous, si je pouvais jouer au golf.
   >I would go with you, if I could play golf.

3. **To express an action or an event which would be occurred posterior to a certain point of past time. It can be called <u>the future in the past</u>.**

   Je t'ai dit que je finirais mon travail avant 20 heures.
   >I told you that I would finish my work before 20 o'clock.

   = Je t'ai dit: 《Je finirai mon travail avant 20 heures.》

   Elle m'a demané si je partirais en vacances le lendemain.
   >She asked me if I would go on vacation the next day.

   = Elle m'a demandé: 《Est-ce que tu partiras en vacances demain?》

- *Information utile!*

   If the clause of supposition transfers a condition which is realizable, one uses the indicative tense.

   Si j'ai le temps, j'irai vous voir cet après-midi.
   >If I have time, I will go to see you this afternoon.

   Si nous avons assez d'argent, nous allons acheter une voiture.
   >If we have enough money, we will buy a car.

- *Allons plus loin!!!*

   ### Le discours indirect Indirect discourse

   Jean m'a demandé: 《Est-ce que tu vas en France?》
   → Jean m'a demandé si j'allais en France.
   Jean m'a demandé: 《Est-ce que tu as déjà fini ton devoir?》
   → Jean m'a demandé si j'avais déjà fini mon devoir.

Exercice

A. Conjugate the given verb by the conditional mode.

1) Il (pouvoir   ) partir en vacances.
2) Nous (vouloir   ) vous demander votre adresse.
3) Je (devoir   ) faire mon travail.
4) Je (aimer   ) vous écouter.
5) Ils (prendre   ) des cadeaux.
6) Vous (mettre   ) vos objets sur la table.
7) Tu (faire   ) bien ce travail.
8) Je (savoir   ) comment y aller.
9) Nous (aller   ) au lit à 23 heures.
10) Ils (se lever   ) à 7 heures du matin.

B. Imitate the model.

> Model: Je n'ai pas d'argent. Je ne peux pas partir en voyage.
>
> Si j'avais de l'argent, je partirais en voyage.

1) Nous n'avons pas de voiture. Nous ne pouvons pas aller chez vous.
   →

2) Elle n'est pas riche. Elle ne peut pas rester dans un hôtel.
   →

3) Il ne parle pas français. Il ne peut pas trouver un emploi.
   →

4) Ils ne pas sont pas français. Ils ne peuvent pas comprendre la radio.
   →

5) Tu n'as pas le ticket. Tu ne peux pas prendre cet avion.
   →

C. Transform les expressions into one sentence.

1) Elle m'a dit: 《Je jouerai avec vos enfants.》
   →Elle m'a dit que ...
2) Il a dit à ses parents: 《Vous pourrez partir demain.》
   →
3) Il m'a demandé: 《Est-ce que tu pourras m'aider?》
   →

Une page de chanson

Si j'étais Président

Gérard Lenorman

Il était une fois, à l'entrée des artistes,
un petit garçon blond au regard un peu triste,
Il attendait de moi une phrase magique,
je lui dis simplement: Si j'étais Président
Si j'étais Président de la République,
jamais plus un enfant n'aurait de pensée triste
Je nommerais bien sûr Mickey
premier ministre de mon gouvernement,
si j'étais président
Simplet à la culture me semble une évidence,
Tintin à la police et Picsou aux Finances
Zorro à la justice et Minnie à la danse
Est-ce que tu serais content si j'étais président?
Tarzan serait ministre de l'écologie,
Bécassine au commerce, Maya à l'industrie,
Je déclarerais publiques toutes les pâtisseries,
Oppposition néant, si j'étais Président.
....

 Entraînement

- Continue making expressions in your opinion.

Si j'étais Président de la République,
je _____

_____

Leçon 53. La Tour Eiffel a été construite par Gustave Eiffel.

A : Regardez la Tour Eiffel. Comme elle est belle!

B : Oui. Elle a été construite par Gustave Eiffel en 1889.

C'était pour l'Exposition universelle de Paris. Elle a été initialement nommée ⟨Tour de 300 mètres⟩, et ce monument est devenu symbole de la capitale française.

D'une hauteur de 312 mètres à l'origine, le Tour Eiffel est restée le monument le plus élevé du monde pendant 41 ans.

Le passif Passive sentence

• **How to make a passive sentence from an active one?**

① The direct object of the active sentence becomes the subject of the passive sentence.

② One transforms the transitive verb into ÊTRE + Past participle. In this case, the past participle must accord with the gender and number of the subject.

③ The subject of the active sentence is transformed into an agent introduced by PAR. The agent can be introduced by DE according to the verb.

④ The tense of the sentence is marked by the verb ÊTRE.

• **For example:**

Gustave Eiffel a construit la Tour Eiffel.

→ La Tour Eiffel a été construite par Gustave Eiffel.   The Eiffel Tower was constructed by Gustave Eiffel.

Un cambrioleur a cassé les fenêtres.

→ Les fenêtres ont été cassées par un cambrioleur.   The windows were broken by a robber.

On avait ouvert la porte.

→ La porte avait été ouverte.   The door had been opened.

⟨La porte avait été ouverte par on.⟩ is incorrect.   Do you know why?

Je déformerai le mur.

→ Le mur sera déformé par moi.　　The wall will be broken by me.

Ils vont frapper le mur.

→ Le mur va être frappé par eux.　　The wall will be hit by them.

Ils viennent d'abattre un arbre.

→ Un arbre vient d'être abattu par eux.　　A tree was collapsed by them a little time ago.

- **Attention!**

As you could see it, the personal pronoun used after the preposition PAR is a tonic form.

- *Allons plus loin!!*

For the agent, one uses the preposition DE in case where the verb transfers a sens of psychological or durable state.

Tout le monde respecte M. Dupont.

→ M. Dupont est respecté de tout le monde.　　Mr Dupont is respected by everyone.

Pierre aime Marie.

→ Marie est aimée de Pierre.　　Marie is loved by Pierre.

- **Others**

Cette table est faite en bois.　　This table is made of wood.

- **Compare:**

Le jardin est entouré des arbres.　　The garden is surrounded by the trees.

Le jardin est entouré par la police.　　The garden is surrounded by the police.

• ***Information utile!***

In english, the indirect object can be transformed into the subject of the passive sentence.

Pierre gave me a novel.

→ I was given a novel by Pierre.

→ A novel was given to me by Pierre.

But in french, only the direct object of the transitive verb can be the subject of the passive sentence.

Pierre m'a donné un roman.

→ Un roman m'a été donné par Pierre.

⟨J'ai été donné un roman par Pierre.⟩ is incorrect.

• **Attention please!!!**

Pay attention to the personal pronoun direct object and to the pronoun agent!

Un cambrioleur l'a agressé.

→ Il a été agressé par un cambrioleur.

Un cambrioleur l'a agressée.

→ Elle a été agressée par un cambrioleur.

Un cambrioleur les a agressés.

→ Ils ont été agressés par un cambrioleur.

Un cambrioleur les a agressées.

→ Elles ont été agressées par un cambrioleur.

Il a construit cette maison.

→ Cette maison a été construite par lui.

Ils ont construit ces maisons.

→ Ces maisons ont été construites par eux.

• ***Information utile!!!***

Past tense	Cette maison a été construite par un architecte.
Present tense	Cette maison est construite par un architecte.
Future tense	Cette maison sera construite par un architecte.
Near future	Cette maison va être construite par un architecte.
Recent past	Cette maison vient d'être construite par un architecte.

Exercice

A. Transform the given sentence into the passive expression.

1) Louis XIV a construit le château de Versailles.
   →

2) Le gouvernement a pris des mesures sévères.
   →

3) Thomas Edison a inventé plusieurs machines.
   →

4) Christophe Colomb a découvert l'Amérique.
   →

5) Les manifestants ont démoli la Bastille.
   →

6) Saint-Exupéry a écrit le Petit Prince.
   →

7) Sylvie fermera la porte doucement.
   →

8) Jeanne ouvrira les fenêtres.
   →

9) Le professeur m'a appelé.
   →

10) On a créé l'ONU en 1945.
    →

11) Un chien a mordu Sylvie.
    →

12) Les députés ont voté une loi.
    →

13) Tout le monde aime Sophie Marceau.
    →

14) Les étudiants respectent professeur Cho.
    →

15) On a incendié toutes les maisons du quartier.
    →

16) Le Président va annoncer un projet surprenant.
    →

Leçon 54. Je prie que Dieu te bénisse.

A : Pourquoi tu as fait cela?
B : Je l'ai fait pour que tu sois plus heureuse.
A : Que tu es gentil, mon chéri.
B : Tu es tout pour moi.
   Je prie toujours que Dieu te bénisse.

Le subjonctif Subjunctive mode

• **How to make the subjunctive mode?**

One takes the stem of the conjugated form of the third person plural and attaches the final as below:

	aimer	finir	prendre	recevoir
Je	aime	finisse	prenne	reçoive
Tu	aimes	finisses	prennes	reçoives
Il	aime	finisse	prenne	reçoive
Nous	aimions	finissions	prenions	recevions
Vous	aimiez	finissiez	preniez	receviez
Ils	aiment	finissent	prennent	reçoivent

Some verbs take special stem for the subjunctive:

	être	avoir	faire	aller	savoir	pouvoir	vouloir
Je	sois	aie	fasse	aille	sache	puisse	veuille
Tu	sois	aies	fasses	ailles	saches	puisses	veuilles
Il	soit	ait	fasse	aille	sache	puisse	veuille
Nous	soyons	ayons	faisions	allions	sachions	puissions	voulions
Vous	soyez	ayez	faisiez	alliez	sachiez	puissiez	vouliez
Ils	soient	aient	fassent	aillent	sachent	puissent	veuillent

• **Uses**

1) After the verb which expresses the wish/hope or command.

 Je veux qu'elle vienne.   I wish that she would come.
 Je souhaite que vous réussissiez. I hope that you would succeed.
 Il faut que tes parents reviennent. Your parents must come again.

 - 〈Il faut que + subjonctif〉 is frequently used in french.

2) After the verb which expresses a doubt or a question.

  Je doute que Paul fasse le travail.   I doubt that Paul do the work.

  Je ne crois pas que tes parents reviennent. I don't believe that your parents come again.

  Elle ne pense pas que je réussisse.   She doesn't believe that I succeed.

  (Compare: Elle pense que je réussirai. She thinks that I succeed.)

Explain: While the indicative indicates the objective reality, the subjunctive expresses the subjective attitude.

3) After the expression of emotion.

  Je suis content que tu sois revenu.   I am satisfied that you came back.

  Elle a peur qu'il (ne) peuve.   She is afraid that it would rain.

* (ne) is called NE explétif(expletive NE). The expletive NE is used after certain verbs of doubt or of fear. It appears in the subordinate/dependant clause. One can make a subjunctive sentence without it.

4) After certain conjunctions.

  Je répète pour que vous me compreniez mieux.

   I repeat in order to let you understand me better.

  Que Dieu te bénisse!   God bless you!

  Pourvu qu'il ne lui arrive aucun accident! If only there be no accident for him/her!

- There exist the present and past tense in the subjunctive, but the present tense is sufficient to ordinary usages.

Exercice

A. Transform the sentence like the model.

> Model: Je dois partir tout de suite.
> → Il faut que je parte tout de suite.

1) Tu dois lire les textes français.
   →

2) Ils doivent faire les exercices.
   →

3) Elle doit écrire un article en français.
   →

4) Nous devons écouter la radio France.
   →

5) Vous devez bien apprendre le français.
   →

6) Je dois aller voir le professeur de français.
   →

7) Tu dois savoir conjuguer les verbes de français.
   →

8) Vous devez mettre du temps pour parler français.
   →

9) Ils doivent avoir de la patience pour arriver au but.
   →

10) Nous devons prendre rendez-vous avec des professeurs.
    →

B. Choose the correct mode: indicative or subjunctive. And conjugate it.

1) Je pense que Minji (être   ) très intelligente.
2) J'ai peur qu'elle (faire   ) des erreurs en parlant.
3) Mais on dit qu'elle (avoir   ) une grippe.
4) J'espère qu'elle (guérir   ) rapidement.
5) On n'est pas sûr qu'elle (prendre   ) un médicament.
6) Nous souhaitons qu'elle (revenir   ) en classe.

해설 및 문제 답안

- **Unité I**
- **Unité II**
- **Unité III**
- **Unité IV**
- **Unité V**
- **Unité VI**
- **Unité VII**
- **Unité VIII**
- 주요 불규칙동사 변화표
- 1군동사 변칙형

Leçon 1.

프랑스어에서 모든 명사는 남성 아니면 여성으로 구분된다. 따라서 대명사도 남성과 여성을 구분해 주어야 한다. 이러한 성의 구분은 형용사에도 적용된다. 예를 들어, Je suis enchanté.와 Je suis enchantée.에서 앞 문장의 주어는 남성이며 뒷문장의 주어는 여성이다. 주어의 성이 형용사에 의해 나타내어지고 있다.

이러한 명사의 성은 사물에도 적용된다. 따라서 대명사 3인칭 il/elle, ils/elles은 사람 또는 사물 모두에게 적용된다.

 Entraînement

A. 대화를 완성하시오.

   1) Hi, Minji. Ça va?
      - Oui, ça va. / ça va très bien.
   2) Comment vas-tu Misook?
      - Je vais très bien, et toi?
   3) Comment allez-vous?
      - Je vais très bien, merci. Et vous?

Leçon 2.

- 부정관사 un / une / des

모든 명사 앞에는 관사를 쓴다. 관사 없이 명사가 쓰이는 것은 관용구문의 경우이다.
프랑스어에는 부정관사, 정관사, 부분관사가 있다.
부정관사는 명사 앞에 쓰이며 명사의 성과 수에 따라 형태가 달라진다.

Qu'est-ce que c'est? 이것이 무엇입니까? 라는 표현은 사물에 대한 질문으로 단수 및 복수에 공통으로 사용한다. 복수라고 해서 Qu'est-ce que ce sont?이라는 표현은 사용하지 않는다. 이 질문에 대한 대답은 단수의 경우 C'est ..., 복수의 경우 Ce sont ...의 표현을 사용한다. 이 때 사용되는 Ce는 중성 대명사로서 변화하지 않는다.

 Exercice

A. 적합한 부정관사로 빈칸을 채우시오.

   1) un   2) une   3) des
   4) une   5) un   6) des
   7) une   8) un   9) une
   10) des

B. 완전한 문장을 만드시오.

   1) C'est   2) C'est   3) Ce sont
   4) Ce sont

Leçon 3.

• 명사의 성(genre/gender)
1. 동물과 같이 자연적인 성(sex)의 구분이 되는 경우에는 같은 성(genre)을 따른다.
2. 명사의 어미를 보고 해당 명사의 성을 알 수 있는 경우도 있다.
3. 외국어에서 차용된 명사는 보통 남성이다.
4. 언어 명칭은 남성이며 소문자로 시작한다.
5. 국가 명칭
    어미가 e로 끝나는 국가명은 여성이며, 그 외의 철자로 끝나는 국가명은 남성이다.
6. 날짜, 달, 계절, 동서남북 방향, 금속, 나무 이름은 일반적으로 남성이다.

 Review

A. 명사의 성 맞추기

남성 = 2) 3) 7) 8) 9) 13) 16) 17) 18) 20)
여성 = 1) 4) 5) 6) 10) 11) 12) 14) 15) 19)

Leçon 4.

• 명사의 여성형
1. 남성 명사가 e로 끝나면 그대로 여성형으로 사용한다.
2. 남성 명사에 어미 e를 붙이면 여성형이 된다. 이 때 일부 철자가 바뀌는 명사들이 있다.
3. 어떤 명사는 여성형이 남성형과 전혀 다른 형태를 취한다.
4. 오로지 남성형으로만 존재하는 명사들이 있다. 이런 경우에는 여성을 의미하는 dame 또는 femme을 추가하여 여성형을 나타낸다. 이런 명사는 보통 남성들만이 차지했던 직업 명칭이다.

 Exercice

A. 주어진 단어의 여성형을 쓰시오.

1) une savante	2) une copine	3) une architecte	4) une infirmière
5) une marchande	6) une directrice	7) une parisienne	8) une chinoise
9) une institutrice	10) une chatte	11) une hôtesse	12) une déesse
13) une boulangère	14) une championne	15) une paysanne	16) une coiffeuse
17) une vendeuse	18) une menteuse	19) une auditrice	20) une traductrice
21) une princesse	22) une maîtresse	23) une femme	24) une fille
25) une tante	26) une reine		

Leçon 5.

Voilà/Voici + 명사(단수 또는 복수): 소개사라고 부른다. 사람이나 사물 모두 소개사로 표현할 수 있으며, 무엇인가를 처음 소개하는 데 쓰이는 표현이기 때문에 이 표현을 사용한 의문문이나 부정문은 없다.
Il y a + 명사(단수 또는 복수): 무엇인가의 존재를 나타내는 표현이다.

• 명사의 복수형 만들기

일반적으로 단수 명사에 어미 s를 붙여 명사의 복수형을 만든다.
1. 단수 명사가 's', 'x' 또는 'z'로 끝나면 단수 형태를 그대로 복수로 사용한다.
2. 단수 명사가 -eau, -eu, -ieu로 끝나면 x를 붙여 복수형을 만든다.
3. 단수 명사의 어미가 -al, -ail, -au 이면 복수 어미는 -aux로 바뀐다.
4. 단수 명사의 어미가 -ou 이면 복수 어미는 -oux로 바뀐다.
5. 복수형이 단수형과 전혀 다른 형태를 취하는 명사들도 있다.
6. 단수형과 복수형의 발음이 다른 단어들도 있다.

 Exercice

A. 주어진 단어의 반대 성 명사를 쓰시오.

1) Voilà un musicien.　　　　　　2) Voici un romancier.
3) Voilà un chanteur.　　　　　　4) Voici un directeur.
5) Voilà un journaliste.　　　　　6) Voici une dame professeur.
7) Voilà une servante.　　　　　　8) Voici un héros.
9) Voilà un compagon.　　　　　10) Voici un maître.

B. 주어진 단어의 복수형을 쓰시오.

1) Voici des journaux.　　　　　　2) Voilà des festivals.
3) Voici des gaz.　　　　　　　　4) Voilà des gâteaux.
5) Voici des choix.　　　　　　　6) Voici des travaux.
7) Voilà des rois.　　　　　　　　8) Voilà des feux.
9) Voici des cheveux.　　　　　　10) Voilà des filles.
11) Il y a des héroïnes.　　　　　12) Il y a des choux.
13) Il y a des chapeaux.　　　　　14) Il y a des hôpitaux.
15) Il y a des fils.　　　　　　　　16) Il y a des yeux.
17) Il y a des souris.　　　　　　18) Il y a des messieurs.
19) Il y a des bateaux.　　　　　20) Il y a des maîtresses.

Leçon 6.

Qu'est-ce que tu fais? 직업이 무엇이니?라는 의미로 사용된다.
경우에 따라서는 너 지금 무엇하고 있니?라는 의미로 사용될 수도 있다.
직업을 나타내는 문장 표현에서 프랑스어에서는 직업 명칭 앞에 관사를 사용하지 않으나 영어에서는 관사를 사용한다.
Je suis étudiant. I am a student. 나는 학생입니다.

- **ÊTRE 동사:** 영어의 BE에 해당되는 단어이다.
  가장 빈도가 높은 단어 중의 하나이며 불규칙동사이다.

- **용법**
  1. 출신 지역 또는 국가를 나타내기 위해 사용한다.
     Je suis de Corée.는 말 그대로 〈나는 한국에서 왔습니다.〉에 해당되는데 이것은 Je suis coréen. 〈나는 한국인입니다.〉라는 의미를 갖고 있다.
     주의할 것: Il est du Japon. Japon은 남성 명사이기 때문에 정관사를 사용해서 나타낸다. du는 de + le 가 합쳐져서 축약된 것이다. 국가명이 여성명사이면 관사를 사용하지 않는다.
     Il est de Corée.
  2. 위치하고 있는 장소를 나타낼 수 있다.
  3. 주어와 형용사를 연결하는 연결사 역할을 한다.
     Il est grand. 그는 크다. Elle est belle. 그 여자는 예쁘다.

 Exercice

A. ÊTRE 동사를 변화시키시오.

1) est   2) êtes   3) sont
4) Nous sommes   5) es   6) suis

B. 질문에 대답하시오.

1) C'est un tableau noir.   2) Ce sont des stylos.
3) C'est une cravate.   4) Ce sont des cahiers.

C. 질문에 대답하시오.

1) Je suis de Chine.   2) Je suis du Japon.
3) Je suis du Canada.   4) Je suis des états-Unis.

D. 질문에 대답하시오.

1) Je suis étudiante.   2) Je suis dentiste.
3) Je suis ingénieur.   4) Je suis infirmière.

Leçon 7.

- **AVOIR동사:** 영어의 HAVE에 해당된다.

나이를 나타내는 표현으로 프랑스어는 AVOIR동사를 사용하나 영어는 HAVE 동사를 사용한다.

 Exercice

A. AVOIR동사 변화

1) a   2) ont   3) avons
4) avez

동사 ÊTRE 와 AVOIR를 이용한 관용 표현들이 많이 있다.
이것은 영어에서도 마찬가지이다. 그런데 재미있는 것은 두 언어가 유사한 의미를 표현하는데 어떤 표현에서는 같은 동사를 사용하는데 반해 또 다른 표현에서는 서로 상반되는 동사를 사용하는 경우도 있다.

- **숫자**

1에서부터 16까지는 하나의 단어인데 17에서 19까지는 두 단어의 합성으로 이루어진다.

 Exercice

A. 프랑스어는 영어로, 영어는 프랑스어로 바꾸시오.

1) I am hot.
2) You are right.
3) She is desirous to go to see the film.
4) This car is Marjolaine's.
5) It is five minutes to nine o'clock.
6) J'ai peur du chien.
7) J'ai sommeil.
8) Il a mal au bras.
9) Vous êtes prêt(e,s,es)
10) Avez-vous mal à la tête?

B. 숫자 쓰기

1) trois   2) cinq   3) huit
4) onze   5) quatorze   6) seize
7) dix-sept   8) dix-neuf

Leçon 8.

- **정관사 le / la / les**

le / la + 모음 또는 무음 h로 시작하는 명사일 때에는 모음 충돌을 피하기 위해서 〈l'〉로 바뀐다.

- **용법**

1. 명사 앞에 쓰이는 정관사는 명사의 성과 수에 일치해야 한다. 명사가 나열될 경우 각 명사의 앞에 정관사를 쓴다.
2. 국가명, 요일, 달, 산, 언어 명칭 앞에 정관사를 쓴다.
3. 물질 명사나 추상 명사 앞에도 정관사를 쓴다.

물질 명사 앞에는 부분관사를 쓰는 것이 보통이지만, 규정에 관한 표현이나 기호를 나타내는 표현 〈aimer, adorer, préférer, détester〉 등의 동사 뒤에 오는 물질 명사 앞에는 정관사를 쓴다.

하나의 텍스트에 관사가 출현할 때 부정관사가 먼저 나오며 이어서 정관사가 나온다. 정관사는 앞에 출현한 명사를 되받아 회상시키는 역할을 한다. 이를 anaphore(조응)이라고 부른다.
Il y a un roi dans un pays. Le roi aime le sport. (한 나라에 왕이 있다. 그 왕은 스포츠를 좋아한다.)

 Exercice

A. 괄호 안에 알맞은 관사를 쓰시오.

1) une, la 2) une, le 3) des, les 4) des, les 5) un, l'
6) une, l'

Leçon 9.

- **지시형용사: ce/cet - cette - ces**

남성 명사가 모음이나 무음 h로 시작하면 모음충돌을 피하기 위해 cet를 사용한다.
원근을 표시하기 위해 명사 뒤에 -ci, -là를 붙인다.
cette montre-ci 이 시계, cette montre-là 저 시계

À qui est ... ? 이것은 누구 것입니까? - 소유 관계를 나타낸다.

 Exercice

A. 빈칸에 알맞은 지시형용사를 넣으시오.

1) ce 2) cette 3) cet 4) cet
5) ces 6) ces 7) ces 8) cet
9) ce 10) cette 11) cet 12) cet

B. Imitate the model.

1) cette chaise-ci, cette chaise-là
2) ce sac-ci, ce sac-là
3) cette maison-ci, cette maison-là
4) cet ordinateur-ci, cet ordinateur-là
5) ces hommes-ci, ces hommes-là
6) ces fleurs-ci, ces fleurs-là

Leçon 10.

Qui est-ce? 누구입니까? 인적 사항에 대한 질문으로 성 및 수에 상관없이 동일하게 사용한다. 질문에 대한 대답은 단수 또는 복수로 할 수 있다.
C'est mon oncle. 나의 삼촌이다.
Ce sont mes parents. 내 부모님이다.
C'est mes parents. 이란 표현도 사용 가능하다.

- **소유형용사**

소유 관계를 나타내는 형용사로써 소유자의 수 및 피소유물의 성과 수에 따라 형태가 달라진다. 여성 명사가 모음 또는 무음 h로 시작할 때 단수 명사 앞에 쓰이는 소유형용사는 모음충돌을 피하기 위해 남성형을 취한다.
mon université 내가 다니는 대학교 (ma université가 아님)

 Exercice

A. 보기대로 하시오.

1) sa
2) leur
3) mon/notre
4) ce sont ses livres.

B. 보기대로 하시오.

1) mes
2) c'est ma lettre.
3) ce sont mes/nos journaux.
4) c'est son cahier.

Leçon 11.

- **의문문**

1. 평서문 앞에 〈Est-ce que〉를 써서 의문문을 만들 수 있다. 이 의문문에 대한 대답은 긍정 Oui, 부정 Non으로 대답한다.
2. 문장의 주어가 대명사일 경우에는 대명사 주어와 동사의 순서를 바꾸어서 의문문을 만들 수 있다. 이 때에 앞에 놓인 동사와 뒤에 놓인 대명사 주어 사이에 '-' (하이픈)을 넣는다.
Sont-ce des livres? 라는 표현은 쓰지 않으며, 이런 경우에는 Est-ce que ce sont des livres?라고 쓴다.
3인칭 단수의 경우 동사가 모음으로 시작하면 모음충돌을 피하기 위해 동사와 대명사 사이에 '-'를 넣는다.
  예 A-t-il une voiture?

3. 문장의 주어가 명사로 되어 있을 경우에는 동사 뒤에 주어인 명사를 받는 대명사를 첨가하여 의문문을 만들 수 있다. Pierre est-il médecin?

• 부정문

부정문을 만들려면 동사 앞에 NE, 동사 뒤에 PAS를 첨가한다. NE 뒤에 오는 단어가 모음 또는 무음 h로 시작될 경우에는 n'로 축약이 이루어진다. 물론 유음 h로 시작되는 단어 앞에서는 축약이나 연음이 이루어지지 않는다.
주의할 것!
부정 의문문에 대한 긍정의 대답은 Si로 시작한다.
Est-ce que tu n'es pas coréenne? 너 한국인이 아니니?
Si, je suis coréenne. 아냐, 한국인이야.

 Exercice

A. 부정문으로 만드시오.

1) Pierre n'est pas belge.
2) Sophie n'est pas gentille.
3) Les cousins de Paul ne sont pas en Italie.
4) Ce n'est pas la cravate de M. Dupont.
5) Ce ne sont pas les ordinateurs de M. Girod.
6) M. et Mme Girod ne sont pas en Suisse.
7) Est-ce que ce n'est pas votre montre?
8) Est-ce que ce ne sont pas vos chiens?
9) Est-ce que cette voiture n'est pas à vous?
10) Est-ce que ces animaux ne sont pas à M. et Mme Durand?

B. 질문에 대답하시오.

1) elle est française.
2) ils ne sont pas allemands.
3) ce n'est pas ma voiture.
4) ce sont leurs enfants.
5) c'est sa robe.
6) ce ne sont pas ses valises. / elles ne sont pas à Philippe.
7) c'est ma chienne. / elle est à moi.
8) ce ne sont pas mes bijoux. / ils ne sont pas à moi.
9) Si, elle est coréenne.
10) Je suis coréen(ne).

Leçon 12.

• 프랑스어 동사 변화

프랑스어 동사는 1,2,3군 동사로 구분된다. 1군동사는 어미가 er로 끝나며 2군동사는 ir로 끝나는 규칙동사이다. 3군 동사는 불규칙 동사로써, 프랑스어 동사 중에서 숫자는 많지 않지만 사용빈도가 높은 동사들이 많다.

단, 주의 할 것이 있다. -er로 끝나는 모든 동사가 1군동사는 아니며 -ir로 끝나는 모든 동사가 2군동사는 아니다. -er 또는 -ir로 끝나는 동사 중에서도 불규칙 동사가 많다.

프랑스어 동사의 규칙 동사는 현재 시제 어미변화가 규칙적이냐 그렇지 않으냐에 따라 구분된다. 현재 시제 변화에서 어간이 1개이면 규칙동사이며, 어간이 여러 개이면 불규칙동사이다.

영어의 규칙동사는 현재-과거-과거분사의 형태가 규칙적이냐 그렇지 않으냐에 의해 결정되는 것과 차이가 있다.

1군동사 현재 시제 변화

어간 + e, es, e, ons, ez, ent

1군동사 중에서 발음 현상 때문에 어간에 일부 변화가 일어나는 동사들이 있다.

 acheter, appeler, commencer, manger, envoyer, espérer, essayer, etc.

Exercice

A. 동사를 변화시키시오.

	voyager	envoyer	essayer	essuyer
Je	voyage	(J')envoie	(J')essaie	J'essuie
Tu	voyages	envoies	essaies	essuies
Il	voyage	envoie	essaie	essuie
Nous	voyageons	envoyons	essayons	essuyons
Vous	voyagez	envoyez	essayez	essuyez
Ils	voyagent	envoient	essaient	essuient

B. 괄호안의 동사를 변화시키시오.

1) mangeons   2) chantez   3) nettoient   4) commence   5) avançons
6) appelle   7) rejettent   8) lèves   9) paient   10) J'achète

Leçon 13.

• 부분관사

남성 단수	여성 단수
du (de l')	de la (de l')

복수형은 des이나 부분관사로서의 의미가 별로 없다.

모음이나 무음 h 시작되는 명사(남성 여성 공통) 앞에서 부분관사는 de l'로 바뀐다.

- 부분관사는 수량을 셀 수 없는 물질명사 앞에 사용한다.
(1) Je mange de la viande.
(2) J'aime la viande.
(1)에서는 명사 viande가 부분적인 의미를 띠었기 때문에 부분관사를 사용하지만 (2)에서는 전체 범주로서의 의미를 갖고 있기 때문에 정관사를 사용한다.

- 프랑스어 동사 중에서는 뒤에 명사 또는 동사 원형을 이끄는 것들이 있다.
  예 aimer, adorer, etc.
- 부정의 ne...pas는 주 동사(principal verb)의 앞과 뒤에 위치한다.

 Exercice

A. 알맞은 부분관사를 넣으시오.
   1) de la   2) de la   3) du
   4) du, du

B. 알맞은 관사를 넣으시오.
   1) le   2) le   3) le
   4) la

≪부정의 DE≫
타동사로 이루어진 문장에서 직접목적어인 명사가 부정관사 또는 부분관사로 유도되었을 때, 부정문에서 부정관사 또는 부분관사는 de로 바뀐다. 이것을 부정의 DE라고 부른다. 부정의 DE는 단수 또는 복수 명사의 경우에 동일하게 적용된다.

 Exercice

A. 13과 텍스트를 읽고 답하시오.
   1) Non, il n'aime pas le viande.
   2) Si, il mange souvent de la viande.
   3) Oui, il adore la danse.
   4) Non, elle n'aime pas danser.

B. 질문에 답하시오.
   1) je ne mange pas de boeuf.
   2) il mange de la salade.
   3) nous ne mangeons pas d'oeufs.
   4) ils ne mangent pas de soupe.
   5) je n'ai pas d'argent.
   6) il n'y a pas d'oiseaux dans l'arbre.

Leçon 14.

HABITER 동사는 무음 h로 시작하기 때문에 모음으로 시작하는 단어처럼 다루어진다.
모음 축약 및 연음에도 영향을 미친다. 유음 h로 시작하는 단어는 모음 축약 및 연음이 이루어지지 않는다. 또한 접속사 et와 다음에 오는 단어와는 연음을 하지 않는다.

 Review

A. 주어진 동사를 변화시키시오.

1) adore   2) aime   3) habitent   4) parles
5) restent   6) mangeons   7) appellent   8) achètent
9) commençons   10) appelez   11) paies   12) envoient

B. 질문에 답하시오.

1) Oui, je j'habite à Paris.
   Non, je n'habite pas à Paris.
2) Oui, j'aime aller au théâtre.
   Non, je n'aime pas aller au théâtre.
3) Oui, j'ai des frères.
   Non, je n'ai pas de frères.
4) Oui, nous mangeons du boeuf.
   Non, nous ne mangeons pas de boeuf.
5) Oui, j'ai une voiture.
   Non, je n'ai pas de voiture.
6) Oui, il y a des oeufs dans le frigo.
   Non, il n'y a pas d'oeufs dans le frigo.

Leçon 15.

• **2군동사 현재 시제 변화**

어간 + is, is, it, issons, issez, issent

2군동사 중에는 형용사에서 파생한 것들이 있다. 이 때 형용사의 여성형에서 마지막 어미 e를 없애고 ir를 붙여서 만든다. 형용사에서 파생된 다른 명사들도 있는데, 단어에 따라 그 형태가 달라진다.

 Exercice

A. 동사를 변화시키시오.

	obéir	réussir	posséder	répéter
Je	(J')obéis	réussis	possède	répète
Tu	obéis	réussis	possèdes	répètes
Il	obéit	réussit	possède	répète
Nous	obéissons	réussissons	possédons	répétons
Vous	obéissez	réussissez	possédez	répétez
Ils	obéissent	réussissent	possède	répètent

• 대명사 ON

대명사 On은 프랑스어에서 용도가 많이 쓰이며 모든 인칭을 대신해서 사용할 수 있다. 이 대명사는 주어로만 사용되며 목적어로 쓰이거나 전치사 뒤에 사용될 수 없다.

• 날짜를 나타내는 표현: 프랑스어와 영어의 비교

프랑스어	영어
le + 숫자(기수) + 달 + 년도	달 + 서수 + 년도

프랑스어에서 매월 첫날은 서수를 사용해서 나타낸다.

• 숫자 (2)

70=60+10, 71=60+11, 79=60+19의 산술방식이며 80=20x4의 개념이다. 20이 네 개 있다는 의미로 quatre-vingts 복수로 되어 있다. 81 이상에서는 quatre-vingt으로 단수로 사용한다.
90=80+10, 91=80+11, 99=80+19의 산술방식이다.
200 = deux cents, 201 = deux cent un: cent 뒤에 다른 숫자가 오면 단수로 쓴다.
mille(천)은 불변이다. cinq mille = 5000
million(백만)은 명사로서 복수일 경우 s를 붙인다.

 Exercice

A. 프랑스의 전화번호 읽기

   1) zéro deux, seize, quatre-vingt-quatorze, soixante-treize, vingt-sept
   2) zéro quatre, quarante-trois, cinquante-neuf, soixante et un, quatre-vingt-dix
   3) zéro six, soixante-sept, quarante et un, soixante et onze, douze
   4) zéro un, quarante-huit, quatre-vingtg-six, quatre-vingt-douze, onze
   5) zéro trois, trente-neuf, dix-huit, cinquante et un, soixante-cinq
   6) zéro six, soixante-quatorze, cinquante-deux, vingt-neuf, quatre-vingts

B. 프랑스어와 영어로 숫자 읽기

   1) quatre / four 2) cent trente-cinq / one hundred thirty five
   3) deux mille soixante-dix-huit / twenty seventy eight
   4) deux euros soixante (centimes) / two euros and sixty cents
   5) quatorze euros cinquante centimes / fourteen euros and a half
   6) soixante-neuf mille neuf cent quatre-vingt-dix-neuf euros / sixty nine thousand nine hundred ninty nine euros

Leçon 16.

- 요일, 달, 년도 표현하기

주의: au printemps (봄에)의 표현과 기타 계절에서의 표현(en automne)에 차이가 있다.

 Exercice

A. 프랑스어는 영어로, 영어는 프랑스어로 바꾸기.

1) June
2) August
3) Wednesday
4) Friday
5) May the fourth
6) July twenty first
7) février
8) le 17 avril
9) au printemps
10) cinq douzaines d'oeufs

B. 질문에 답하시오.

1) On est le 숫자.
2) Aujourd'hui, c'est 요일.
3) Nous sommes en 계절. (au 봄)
4) On est en 달.
5) C'est 전화번호.
6) Oui, nous sommes en automne.
   또는 Non. nous ne sommes pas en automne.
7) J'ai 나이 ans.
8) Nous sommes en 년도.

Leçon 17.

- 의문형용사 QUEL-QUELLE-QUELS-QUELLES

영어의 which 또는 what에 해당되며, 형용사이기 때문에 명사의 성과 수에 따라 변화한다.

- 서수(Les numéros ordianaux)

순서를 나타내는 숫자이며, 기수에 어미 ième을 붙여서 서수를 만든다.
단, 첫 번째와 마지막은 별도의 단어를 사용한다 - premier, dernier.
두 번째는 second (= deuxième)이라고 쓸 수 있다.

 Exercice

A. 질문에 답하시오.

1) Je suis né(e) en 출생년도.
2) Elle est née en 출생년도.

3) Il est maintenant 현재 시각.

4) Ce sont juin, juillet et août.

5) Elle est rose.

6) C'est de devenir un diplomate/une femme d'affaires, etc.

7) Nous sommes au 4eme étage.

8) C'est de 1950 mètres.

9) Il est enseignant/employé/directeur/inforamticien/etc.

10) Ce sont lundi, mardi, mercredi, jeudi, vendredi, samedi et dimanche.

11) C'est avril.

12) C'est le 14 juillet.

B. 프랑스어 및 영어로 서수를 쓰시오.

1) le premier / first
2) troisième / third
3) neuvième / ninth
4) dix-septième / seventeenth
5) trente et unième / thirty first
6) cinquantième / fiftieth
7) centième / one hundreth
8) millième / one thousandth

Leçon 18.

- **품질 형용사 les adjectifs qualificatis**

명사를 묘사하는데 사용되며 수식어라고 불린다. 수식하는 명사의 뒤에 놓이는 것이 일반적이나 일부 음절이 짧고 간단한 형용사는 명사 앞에 놓인다.

- **품질형용사의 여성형 만들기**

1. 남성형에 어미 e를 붙여서 여성형을 만든다.
   형용사 남성형이 e로 끝난 경우에는 남성형을 그대로 여성형으로 사용한다.
2. 형용사 BEAU, NOUVEAU, VIEUX는 뒤에 오는 단어에 따라 형태가 달라진다.
3. marron, orange, bleu marine은 명사이기 때문에 형용사 용법으로 쓰여도 형태가 달라지지 않는다.

 Exercice

A. 적합한 형태로 고치시오.

1) publique
2) nouvel
3) longues
4) bel
5) bleu marine
6) douce et fraîche
7) grosses et gentilles
8) beaux et nouveaux

B. 적합한 형태로 고치시오.

1) belle
2) vieil
3) vieille, charmante
4) gentils, beaux
5) sportive
6) parisiennes
7) nouvelle
8) fière
9) paresseux
10) paresseuse
11) blanche
12) neuve

C. 표현을 복수로 쓰시오.

1) Voici des hommes gros.
2) Voilà de belles voitures.
3) Voilà de beaux hôtels magnifiques.
4) Ils gardent des animaux sauvages.
5) Il cherche des chiens intelligents.
6) Elle cherche de belles résidences.
7) Elles vont acheter des robes chères.
8) Mes parents rencontrent de vieux amis.
9) Elle se promène avec des amis français.
10) Elle cherche des hommes sociables et réalistes.

D. 표현을 완성하시오.

1) A mon avis(In my opinion), l'homme idéal est 자유 대답.
2) A mon avis, le(la) camarade idéal(e) est 자유 대답.
3) A mon avis, le professeur idéal est 자유 대답.
4) A mon avis, le président idéal est 자유 대답.

Leçon 19.

· ALLER 동사

사용 빈도수가 매우 높은 동사로서 불규칙동사이다.

· 명령문 L'impératif

1. 단수/복수 2인칭 표현에서 명령문을 만든다. 복수 1인칭은 명령보다 권유 또는 제안하는 표현이다. 명령문을 만들려면 문장의 주어를 생략하고 동사를 문장의 앞에 써서 만든다.
   단수 2인칭 명령문에서 1군동사의 경우 어미 s를 탈락시킨다. ALLER 동사도 마찬가지로 어미 s를 탈락시킨다.
   AVOIR, ÊTRE 동사는 명령문에서 특별한 어간(Aie, Ayez, Ayons/Sois, Sois, Soyons)을 취한다.
2. 부정명령문은 문장의 주어를 생략하고 단언문의 순서를 그래도 따른다.
   축약: 전치사 à 나 de가 정관사 le 또는 les와 연결되면 축약이 이루어진다.
   [à+le=au, à+les=aux, de+le=du, de+les=des]
   단, 뒤에 오는 단어가 모음이나 무음 h로 시작하면 축약이 [à l' / de l']로 이루어진다.

 Exercice

A. ALLER 동사 변화시키기.

1) vais   2) vas   3) allons   4) va
5) allez   6) vont

B. 명령문으로 고치시오.

1) Sois sage!
2) Va chez Michel!
3) Ne sois pas paresseux!
4) N'achète pas cet article!
5) N'entre pas dans cette salle!
6) Envoie ce colis à ton oncle!
7) Ne soyez pas triste!
8) Ne mangez pas trop!
9) Ayez de la patience!
10) Soyons tranquilles!
11) Ayons du courage!
12) N'appelons pas l'ambulance!

Leçon 20.

1. 근접 미래 Le futur proche

[ALLER 동사의 현재 시제 변화 + 동사 원형]
가까운 장래에 일어날 사건을 묘사하는데 쓰인다.

2. 근접 과거 Le passé récent

[VENIR de + 동사 원형]
가까운 과거에 일어난 사건을 묘사하는데 쓰인다.

• JOUER 동사

jouer à + 악기 / jouer de + 운동

 Exercice

A. VENIR 동사 현재 시제 변화.

Je	viens	Nous	venons
Tu	viens	Vous	venez
Il	vient	Ils	viennent

B. 적합한 표현으로 빈칸을 채우시오.

1) de la   2) au   3) à l'   4) de la
5) au   6) du   7) au   8) de la

C. 근접미래 표현으로 고치시오.

1) Nous allons chanter une chanson.
2) Ils vont obéir à leurs parents.
3) Vous allez préparer une cuisine.
4) Tu vas appeler une ambulance.
5) Elle va répéter la question trois fois.
6) Je vais acheter un ordinateur et un USB.

D. 근접과거 표현으로 고치시오.

1) Je viens de payer l'addition.
2) Pierre vient d'appeler un taxi.
3) Nous venons d'avancer lentement.
4) Elles viennent d'apporter des cadeaux.
5) Il vient d'acheter un nouveau caméra.
6) Tu viens d'envoyer une carte au directeur.

Leçon 21.

- **Je voudrais + 동사 원형 또는 명사**

동사가 조건법으로 활용된 것으로 완곡한 표현법에 해당된다.

 Exercice

A. 적합한 전치사 또는 표현으로 빈칸을 채우시오.

1) au   2) en   3) en   4) en
5) à   6) à   7) en   8) au

Leçon 22.

- **불규칙 동사 변화**

프랑스이는 동사 변화가 다양하기 때문에 필요할 때마다 동사 사전을 활용하여 동사의 변화를 익히는 것이 좋다.

- **중성대명사 Y**

장소나 위치 또는 방향을 나타내는데 소용되며, 일반적으로 〈전치사 + 장소를 나타내는 명사〉를 대신한다. 위치는 목적어로 쓰이는 다른 대명사와 마찬가지로 동사 앞에 놓인다.

Exercice

A. 주어진 동사를 변화시키시오.

	sortir	mentir	dormir	repentir	comprendre
Je	sors	mens	dors	repens	comprends
Tu	sors	mens	dors	repens	comprends
Il	sort	ment	dort	repent	comprend
Nous	sortons	mentons	dormons	repentons	comprenons
Vous	sortez	mentez	dormez	repentez	comprenez
Ils	sortent	mentent	dorement	repentent	comprennent

B. 중성대명사 Y를 사용하여 문장을 다시 쓰시오.

1) Nous y sommes.   2) Est-ce que tu y vas?   3) Je n'y vais pas.
4) Elles y posent des sacs.   5) On y prend le métro.   6) Nous y partons.

 Leçon 23.

전치사 à와 de는 사용 빈도가 매우 높은 단어이다. 다양한 용법으로 쓰인다.

 Exercice

A. 적합한 전치사 또는 표현으로 빈칸을 채우시오.

1) en,   2) à   3) de   4) en   5) du
6) au   7) à, à   8) En   9) Au   10) Au
11) En   12) à, en   13) à   14) de   15) en
16) au   17) de, à   18) à   19) à   20) en

B. 주어진 동사를 변화시키시오.

1) prenons   2) vient   3) vont   4) part   5) reviennent
6) prends   7) repartez   8) prends   9) prend   10) apprenons
11) apprenez 12) reviens

Leçon 24.

1) 불규칙동사 FAIRE 현재 시제 변화:

Je fais, Tu fais, Il fait, Nous faisons, Vous faites, Ils font
이 동사는 관용구문에도 많이 쓰인다.

2) 불규칙동사 METTRE 현재 시제 변화:

Je mets, Tu mets, Il met, Nous mettons, Vous mettez, Ils mettent

• 의문부사 Comment

방법이나 수단을 나타내는 부사이다. 감탄을 나타내는데 쓰이기도 한다.

• 의문사 Combien de + 명사 (복수)

- 수량을 묻는 의문부사로 쓰인다.
- Combien은 가격을 묻는 의문사 또는 명사로도 사용된다.

• 의문사 Qu'est-ce que ...?

Qu'est-ce que c'est?는 이게 무엇이니?라는 질문으로 단수 명사 또는 복수 명사에 통용된다. 간단히 줄여서 〈C'est quoi?〉라고 말할 수 있다. quoi는 que의 강세형이다.

• ÊTRE EN TRAIN DE + 동사원형

현재 진행중인 동작이나 사건을 표현하는데 쓰인다.

• 다음 표현을 비교해 보세요.

현재시제: Marie regarde la télé.
근접미래: Marie va regarder la télé.
현재진행: Marie est en train de regarder la télé.
근접과거: Marie vient de regarder la télé.

 Exercice

A. 주어진 동사를 현재 변화시키시오.

	refaire	satisfaire	admettre	permettre
Je	refais	satisfais	(J')admets	permets
Tu	refais	satisfais	admets	permets
Il	refait	satisfait	admet	permet
Nous	refaisons	satisfaisons	admettons	permettons
Vous	refaites	satisfaites	admettez	permettez
Ils	refont	satisfont	admettent	permettent

B. 영어로 고쳐 쓰시오.

1) Watch your feet!
2) I am glad to meet you.
3) We go to take a walk?
4) My wife does the shopping every saturday.

5) They clean the dishes altogether.
6) The young people like play sports.

C. 질문에 답하시오.

1) Il y a douze mois.
2) Il y a vingt-huit jours. (vingt-neuf jours tous les 4 ans)
3) Il y a sept jours.
4) On met environ deux heures quarante-cinq minutes.
5) On met environ douze heures.
6) Il co?te 60 000 wons.
8) Je paie 52 000 wons par mois.

D. 현재진행 표현으로 고쳐 쓰시오.

1) Mireille est en train de faire la cuisine.
2) Nous sommes en train de chanter une chanson française.
3) Ils sont en train de regarder un film d'aventure.
4) Les amies de Sylvie sont en train de jouer au foot.
5) Tu es en train de téléponer à ta mère?
6) Vous êtes en train de faire un voyage?

◀ Leçon 25. ▶

• 길 알려주기

Allez tout droit. 곧장 가세요.
Tournez à gauche. 왼쪽으로 도세요.
Tournez à droite. 오른쪽으로 도세요.
Faites un demi-tour. 되돌아 오세요.

• 부정 NE ... RIEN / RIEN ... NE

NE ... PERSONNE / PERSONNE ... NE
Rien과 Personne이 부정을 의미하는 대명사이기 때문에 부정을 나타내는 pas를 쓰지 않는다. 남성단수로 쓰이며 불변이다.
〈rien ... ne (아무것도... 아니다)〉는 〈quelque chose(무언가)〉와 대치되며, 〈ne ... personne〉〈quelqu'un(누군가)〉와 대치된다.

• 부정대명사 les pronoms indéfinis

정해진 것이 아니라 막연한 대상을 가리킨다는 의미에서 부정대명사라고 부른다.

예　on, certain, quelque chose, quelqu'un, personne, plusieurs, d'autres, chacun(chacune), aucun(aucune),quelques-uns(quelques-unes), 등.

- **부정형용사 Les adjectifs indéfinis**

부정대명사와 같은 개념으로써 명사 앞에 위치해서 명사를 수식하는 단어이다.

예 chaque, tout, tous, aucun, certain,

부정대명사와 부정형용사의 차이는 해당 단어가 문장에서 어떤 역할을 하느냐에 있다.

예 Aucun n'est satisfait. → aucun = 부정대명사 (주어로 쓰였음)
　　Aucun élève n'est dans la salle. → aucun = 부정형용사 (명사를 수식하고 있음)

 Exercice

A. 그림을 보고 방향을 가리켜 주세요.

1) Tournez à gauche.
2) Tournez à droite.
3) Allez tout droit.
4) Faites un demi-tour.

B. 방향 또는 교통 정보에 대해 의사소통하시오.

1) Vous allez tout droit vers le nord. Vous allez arriver au Palais Kyoungbok dans un quart d'heure. 또는 Prenez un bus là-bas. Vous descendez trois arrêts après. Le Palais Kyoungbok est là.
2) Prenez le métro ligne numéro deux. Vous allez arriver à la mairie de Séoul dans dix minutes. C'est à quatre arrêts d'ici.

C. 의문문에 부정으로 대답하시오.

1) Non, je n'ai rien à dire.
2) Non, ils n'ont besoin de rien.
3) Non, personne ne reste dans la salle.
4) Non, je n'aime personne.
5) Non, je ne cherche personne d'intelligent.
6) Non, je ne rencontre aucune invitée.

Leçon 26.

- **강세형 인칭대명사**

용도
1) 주어를 강조하기 위해서.
2) 전치사 뒤에서: 영어에서는 전치사 뒤에 오는 대명사는 목적어형태를 취한다.
3) C'est ... / Ce sont ... 에 연결되는 인칭대명사는 강세형을 쓴다.
4) 명령문에서 목적어로 사용되는 1인칭 및 2인칭 대명사 moi, toi.
5) 비교급 문장에서 사용된다.
6) Moi aussi. Lui non plus. 등과 같은 표현에서.

- 비교 la comparaison

우등 (+)	plus ... que
동등 (=)	aussi ... que
열등 (-)	moins ... que

수량에 관한 명사 비교: plus de / autant de / moins de + 명사

- 최상급 표현: 정관사 + 우등/열등 비교 표현

이 때 정관사는 해당 명사(또는 주어)의 성과 수에 일치한다. 부사는 불변이다.

비교급에서 특수한 형태를 취하는 단어: bon, mauvais, bien, beaucoup, peu, etc.

 Exercice

A. VOULOIR 동사 현재 변화시키시오.

1) veux   2) veux   3) veut   4) voulons
5) voulez 6) veulent

B. 밑줄친 부분을 대명사로 바꾸어 다시 쓰시오.

1) Allons chez lui.
2) Je fais un voyage avec eux.
3) Il travaille pour elle.
4) Elle est fière d'elles.
5) Tu vas à Cannes avec eux.
6) Nous allons à Menton avec vous.
7) Vous mangez avec nous?
8) Il est avec elles.

C. 빈칸에 알맞은 비교 표현을 써넣으시오.

1) aussi, que   2) plus, qu'   3) moins, que   4) plus, que
5) plus, que   6) autant, que 7) moins de, qu' 8) plus d', qu'

D. 비교표현으로 문장을 완성하시오.

1) moins, que   2) plus, qu'   3) moins, qu'   4) aussi, qu'
5) plus, que   6) moins, que   7) plus, que   8) moins, que

E. AUSSI, AUTANT 또는 AUTANT DE로 빈칸 메우기.

1) autant de   2) aussi   3) autant de   4) autant
5) aussi   6) autant

F. 보기대로 하시오.

1) Jeanne est moins grand que Sylvie.
2) Sylvie est la plus grande de la classe.
3) La cigarette est pire que le vin.
4) Paul a autant de livres que Jean.
5) Je cours aussi vite que Philippe.
6) Philippe court le moins vite de sa classe.
7) Le vin est meilleur que la bière.
8) Pierre travaille mieux que Jean.
9) Jina a moins de travail que Jinsou.
10) Jinhee a autant de travail que Jinsou.

Leçon 27.

정관사 용법 중의 하나로 반복적인 행위 또는 습관을 나타내는 성질이 있다.

• **전치사**

전치사는 일반적으로 명사 앞에 놓이며, 대명사 또는 동사 원형 앞에 놓여서 단어와 단어간의 관계를 맺는 역할을 한다. 전치사는 변하지 않는 단어이다.
몇 개의 단어들이 조합되어 전치사와 같은 역할을 하는 전치사구가 있다.

 Exercice

A. 동사 변화시키시오.

1) lis   2) élisons   3) relisez   4) réélit
5) relis   6) lisent

B. 〈dans, sur, sous, à la〉 중에서 골라 넣으시오.

1) dans   2) sur   3) dans   4) à la
5) sur   6) dans   7) dans   8) dans
9) sur   10) dans   11) sur   12) à la

C. 주어진 단어로 문장을 만드시오.

1) Le cinéma se trouve derrière la poste.
2) La bibliothèque se trouve à côté du cinéma.
3) La mairie se trouve en face de l'Hôtel Plaza.
4) Le palais Deoksu se trouve à côté de la mairie.

Leçon 28.

NE ... PLUS(더 이상 ... 아니다) ↔ toujours, encore (항상, 아직도)
NE ... JAMAIS(결코 ... 아니다) ↔ souvent, toujours (자주, 언제나)
NE ... POINT (조금도 ... 아니다) ↔ assez, tout (충분히, 매우)
NE ... PAS ENCORE (아직... 아니다) ↔ déjà (벌써)

Elle est toute contente. tout는 부사라 하더라도 뒤에 나오는 여성 형용사가 자음으로 시작될 때에는 성과 수의 구별이 있음이 특이하다.

예 Elle est toute contente. / Elles sont toutes contentes. 그녀(들)은 매우 만족해한다.
　　Il est tout content. / Ils sont tout contents. 그(들)는 매우 만족해한다.

 Exercice

A. 부정으로 대답하시오.

1) Non, je n'apprends plus la natation.
2) Non, il n'y plus de vin.
3) Non, elle n'est point contente.
4) Non, ils ne passent jamais au jardin.
5) Non, je ne veux plus de vin.
6) Non, tu n'as plus besoin de rester là.
7) Non, je n'ai point d'argent.
8) Non, il n'est pas encore arrivé.
9) Non, il ne pleut plus.
10) Non, ils ne font plus de bruit.

Leçon 29.

• **SAVOIR 동사와 CONNAÎTRE 동사:**

둘 다 우리말로는 〈안다〉로 옮겨지지만 문장 상에서 다르게 사용된다. savoir 동사 뒤에서는 명사나 동사 원형 또는 절이 목적어로 올 수 있지만 connaître 동사 뒤에서는 명사만이 목적어로 올 수 있다. 의미상으로도 savoir는 지식적인 내용(intelligent)에 관한 것이고 connaître는 감성적인 내용(emotional)도 포함하고 있다.

Exercice. VOIR 동사 현재 변화 - 답안 생략
Exercice. SAVOIR 또는 CONNAÎRE 동사로 빈칸을 채우시오.
1) connaissez, connais 2) sait, connaît 3) sais, sais

〈VOULOIR, POUVOIR, DEVOIR〉는 조동사로 뒤에 동사 원형이 올 수 있는데, 만약 뒤에 다른 명사가 오면 이때는 일반동사로 쓰인 것이다.

Exercice

A. 동사 변화시키기.

	essayer	pouvoir	devoir	connaître
Je	(J')essaie/essaye	peux	dois	connais
Tu	essaies/essayes	peux	dois	connais
Il	essaie/essaye	peut	doit	connaît
Nous	essayons	pouvons	devons	connaissons
Vous	essayez	pouvez	devez	connaissez
Ils	essaient/essayent	peuvent	doivent	connaissent

B. 〈vouloir, pouvoir, devoir, savoir, connaître〉를 활용해서 대화 완성하기.

voudrais/veux, voulez, sais, pouvez, connaissez, peux, devez,

 Leçon 30.

- 중성대명사 IL

Il fait ... 날씨를 나타내는 표현
Il est ... heures. 시간을 나타내는 표현

 Exercice

A. 프랑스어와 영어로 답하시오.

1) Il est onze heures moins cinq.
   It is 5 minutes to 11 o'clock.
2) Il est midi. / It is noon.
3) Il est quatorze heures moins le quart.
   It's a quarter to 14.
4) Il est seize heures et quart.
   It is 16 and a quarter.
5) Il est vingt et une heures dix.
   It is 21 and 10.
6) Il est vingt-trois heures et demie.
   It is 23 and a half.
7) Il est minuit trente. / It is midnight and a half.
8) Il est sept heures. / It is seven o'clock.

B. 〈il y a, il fait, il est〉로 문장을 완성하시오.

1) il fait, il y a   2) il y a, il fait   3) il est, il est

4) il fait   5) Il fait/Il y a   6) il est

C. 질문에 답하시오. (자유 답안)
알맞은 답을 각자 쓰세요.

◀ Leçon 31. ▶

- **대명동사 Les verbes pronominaux**

  타동사로써 목적어가 주어와 똑같은 인칭대명사에 해당되는 동사를 말한다. 동사원형은 se + 동사이다. se는 주어에 따라 형태가 달라진다. 이때 주의할 것은 se가 직접목적어이냐 또는 간접목적어이냐에 따라 문장의 구성에 영향을 끼친다는 점이다.

- **대명동사의 용법**

  1) 재귀적: 주어가 한 행위가 주어 자신에게로 되돌아오는 경우
  2) 상호적: 주어가 복수이며 주어가 상호간에 어떤 행위를 하는 경우
  3) 수동적: 주어가 수동적인 역할을 할 때
  4) 원래적: 단어의 태생이 대명동사로 출현했을 경우? 많은 경우 일반 타동사가 대명동사로 사용되나 원래적 대명동사는 동사 자체만으로는 존재하지 않는다.

  > 예 se souvenir de (회상하다)에서 souvenir는 동사가 아니며 명사에 해당된다.
  > se moquer de(조롱하다), s'en aller(가다)
  > 〈Je m'en vais.나는 간다.〉라는 표현은 존재하지만 〈Je vais.〉라는 표현은 존재하지 않는다.

 Exercice

A. 주어진 동사를 변화시키시오.

1) me réveille   2) nous couchons   3) se lève   4) se promènent
5) te rappelles   6) vous souvenez   7) nous habillons   8) m'intéresse
9) se regardent   10) vous occupez   11) te moques   12) s'ennuie

B. 질문에 답하시오.

1) Non, je ne me lève pas tôt le matin.
2) Non, ils ne s'arrêtent pas devant le magasin.
3) Oui, je me souviens de ton nom.
4) Non, nous ne nous aimons pas.
5) Non, je ne m'énerve jamais.
6) Oui, je m'intéresse à l'histoire
7) Non, je ne me trompe jamais.
8) Non, elle ne se rappelle pas mon nom.

Leçon 32.

- **접속사 QUE**

  용도
  1) 비교급 표현에서: plus ... que
  2) C'est ... que 강조하기 위한 또는 초점을 맞추기 위한 표현
  3) ne ... que 〈오로지 ... 뿐인〉의 제한적인 의미를 전달한다.

- **C'EST ... 와 IL EST... 표현 비교**

  이 표현은 매우 유용하면서 자주 쓰이는데 그 구별이 쉽지 않다.
  C'est ... 다음에 오는 명사 앞에는 관사를 쓰지만 Il est 다음에 오는 명사 앞에는 관사를 쓰지 않는다. 그러나 C'est 다음에 오는 명사가 한정되어 있을 때에는 정관사를 쓴다.

- **직접 목적어 인칭대명사**

  직접 목적어와 간접 목적어 인칭대명사가 있다. 목적어 인칭 대명사는 동사 앞에 위치한다.
  이때 동사는 목적어와 직접 연결되는 것이어야 한다.
  Elle est en train d'acheter les chaussures.
  → Elle est en train de les acheter.
  의 문장에서 직접 목적어 les = les chaussures는 acheter 동사의 직접목적어이기 때문에 그 바로 위에 위치한다.
  〈de les acheter〉에서 de les가 축약되지 않는 것은 les가 정관사가 아니고 직접목적어이기 때문이다. de + 정관사 les = des로 축약된다.

 Exercice

A. CROIRE 동사 현재 변화.

Je	crois	Nous	croyons
Tu	crois	Vous	croyez
Il	croit	Ils	croient

B. 프랑스어로 쓰시오.

1) Je crois que tu as tort.
2) Il croit avoir raison.
3) Elle croit toujours les médecins.
4) Je crois que nous allons arriver à l'heure.
5) C'est vrai qu'elle est intelligente.

C. 보기대로 하시오.

1) Il n'aime que le foot.
2) Je ne joue qu'avec mon frère.

3) On ne voit bien qu'avec le coeur.

4) Elle ne va qu'au cinéma Gaumont.

5) Ils ne boivent que du vin de Bordeaux.

6) Nous n'achetons que les parfums français.

D. 보기대로 하시오.

1) C'est un architecte. Il est architecte.

2) C'est une chanteuse. Elle est chanteuse.

3) Ce sont des avocats. Ils sont avocats.

4) Ce sont des étudiantes. Elles sont étudiantes.

E. 보기와 같이 질문에 답하시오.

1) Non, je ne le prends pas.

2) Oui, je les garde.

3) Oui, ils les aiment.

4) Non, je ne l'aime pas.

5) Oui, je le lis régulièrement

6) Non, elle ne les font pas tous les samedis.

7) Non, je ne les achète pas à la FNAC.

8) Oui, elle l'ouvre pour moi.

9) Non, ils ne les aiment pas.

10) Oui, elle le prépare pour moi/nous.

Leçon 33.

· 간접 목적어 인칭대명사

간접목적어 인칭대명사 3인칭 단수 lui와 복수 leur는 남성 여성 모두에게 공통으로 쓰인다. 영어에서는 3인칭 단수일 때 남성은 to him, 여성일 때는 to her와 같이 성을 구분해주는 것과 차이가 있다.
간접목적어를 필요로 하는 동사는 대부분 의사전달과 같이 누구에게 무엇인가를 전해주는 행위와 관련이 있다.

 Exercice

A. 보기대로 하시오.

1) Ils lui répondent.

2) Elle lui ressemble.

3) Elle leur écrit une lettre.

4) Ils leur plaisent.

5) Elle lui prête de l'argent.

6) Jacques nous pose des questions.

B. 질문에 답하시오.

1) Oui, je lui téléphone souvent.
2) Non, je ne lui réponds pas vite.
3) Non, il ne leur écrit pas de lettres.
4) Oui, je lui dis merci.
5) Oui, je leur donne de l'argent.
6) Non, elle ne leur envoie pas de lettres.
7) Oui, elle me fait des cadeaux.
8) Oui, je pense souvent à eux.

Leçon 34.

- **중성대명사 EN:** 전치사 de를 포함하고 있는 대명사이다. 부분관사 또는 부정관사로 나타내진 명사를 대신해서 사용하기도 한다.

J'achète un livre. → J'en achète un.에서 un은 수량 형용사의 역할로 표현한 것이다.
J'achète trois livre. → J'en achète trois.
J'achète beaucoup de livres. → J'en achète beaucoup.

 Exercice

A. 보기대로 쓰시오.

1) Ils en achètent.
2) J'en bois.
3) Il y en a dans la rue.
4) Nous en prenons.

B. 대명사를 써서 질문에 답하시오.

1) Oui, j'en veux.
2) Oui, j'en ai.
3) Non, elle n'en achète pas.
4) Oui, j'en ai envie.
5) Non, je n'en parle pas.
6) Oui, je m'en souviens.
7) Non, ils n'en sont pas contents.
8) Non, il n'y en a pas.
9) Oui, j'en ai une.
10) Oui, nous en sommes fiers.

Leçon 35.

- **중성대명사 LE**

  한정되지 않은 명사, 동사, 문장의 일부를 대신할 수 있다.

- **비교:**

  Penses-tu partir en voyage?
  Oui, je le pense. (le = partir en voyage를 대신하는 대명사)
  Penses-tu à ton voyage?
  Oui, j'y pense. (y = à mon voyage를 대신하는 대명사)
  Penses-tu à ton père?
  Oui, je pense à lui. (lui = mon père 대명사 강세형)
  penser à 다음에 오는 명사가 사람인지 사물인지를 구분해서 나타낸다.

 Exercice

A. 밑줄친 부분을 대명사로 바꾸어 다시 쓰시오.

  1) Oui, il l'est.
  2) Non, elle ne l'est pas.
  3) Oui, ils le sont.
  4) Oui, nous le sommes.
  5) Non, je ne le sais pas.
  6) Oui, elle l'est.
  7) Oui, je le crois.
  8) Non, nous ne les sommes pas.

B. 밑줄친 부분을 대명사로 바꾸어 다시 쓰시오.

  1) Non, je ne lui téléphone pas.
  2) Oui, ils y restent.
  3) Oui, je pense à eux.
  4) Oui, je lui envoie un message.
  5) Oui, il lui ressemble.
  6) Non, elles n'y pensent pas.

Leçon 36.

- 적어 인칭대명사 2개 일 때에의 순서

주어	간접목적어 (A)	직접목적어 (B)	간접목적어 (C)	(D)	동사
주어	me te nous vous	le la les	lui leur	en	동사

상기 목적어 순서는 (A) + (B), (B) + (C), (A) + (D), (C) + (D)의 순서로 결합이 이루어진다.

- **Entraînement:** 동사 변화시키기.

	attendre	répondre	vendre
Je	(J')attends	réponds	vends
Tu	attends	réponds	vends
Il	attend	répond	vend
Nous	attendons	répondons	vendons
Vous	attendez	répondez	vendez
Ils	attendent	répondent	vendent

 Exercice

A. Rewrite the sentence by using the pronoun.

1) Alex me la vend.
2) Ma mère m'en achète un.
3) Paul la lui envoie.
4) Sandrine leur en vend.
5) Myriam leur en donne.
6) Elle vient de lui en envoyer une.

B. Answer the question by using the pronoun.

1) Oui, je leur en offre.
2) Non, il ne m'y conduit pas.
3) Oui, je vous les laisse.
4) Non, elle ne va pas lui en prêter.
5) Oui, je vais le lui acheter.
6) Oui, je vous en acheter une.
7) Oui, je l'y emmène.
8) Non, je ne leur en envoie pas.

Leçon 37.

- **복합과거 (1): 조동사 AVOIR 현재 시제 + 과거분사**
  복합과거는 과거의 사실 및 과거의 일정 시점에 완료된 행위를 나타낸다.

- **과거분사 만드는 방법**
  1) 1군동사 = 어간 + é
  2) 2군동사 = 어간 + I
  3) 3군동사는 불규칙동사이기 때문에 과거분사의 형태가 다양하다. 그러나 몇 개의 유형이 반복적으로 나타나는 것을 볼 수 있다. 예를 들어, 과거분사 어미가 ?u, -is, -t, 등으로 되는 동사들이 많다.

   복합과거 시제에서 부정문을 만들기 위해서는 부정의 NE를 조동사 앞에 위치시키고 PAS는 조동사 뒤에 위치시킨다. 즉, PAS는 조동사와 본 동사의 사이에 위치한다.

Exercice

A. 보기대로 하시오.

1) Hier, j'ai dîné chez moi.
2) Hier, tu as choisi le métro.
3) Hier, elle a pris le bus.
4) Hier, ils ont travaillé chez eux.
5) La semaine dernière, nous avons terminé à 18 heures.
6) L'année dernière, vous avez préparé le BAC.

B. 질문에 답하시오.

1) Oui, j'ai bien mangé.
2) Non, je n'ai pas bien dormi.
3) Oui, j'ai dîné chez moi.
4) Non, il n'y a pas eu d'accident.
5) Oui, j'ai rencontré Sylvie.
6) Non, ils n'ont pas visité le musée du Louvre.
7) Non, ils n'ont pas acheté de disques.
8) Non, je n'ai pas eu de problèmes.

C. 보기대로 문장을 만드시오.

1) C'est trop tard. J'ai déjà pris ce train.
2) C'est trop tard. J'ai déjà choisi cette couleur.
3) C'est trop tard. J'ai déjà regardé ces images.
4) C'est trop tard. J'ai déjà rencontré ce garçon.
5) C'est trop tard. J'ai déjà envoyé ce colis.

6) C'est trop tard. J'ai déjà refusé sa demande.

D. 복합과거로 시제 변화시키오.

1) avons participé
2) a mangé
3) avons visité
4) a eu
5) a plu
6) a battu
7) avons appris
8) avons d?

E. 질문에 답하시오.

(자유 답안).

Leçon 38.

- **부사 QUAND**

때를 나타내는 의문 부사 또는 관계부사로 사용된다.

Depuis quand habitez-vous à Séoul? 언제(시점 - 예를 들어 2010년)부터 당신은 서울에 살고 있습니까?
Depuis combien de temps habitez-vous à Séoul? 언제(기간 - 예를 들어 3년전)부터 당신은 서울에 살고 있습니까?

- **전치사 dans + 〈시간〉 = 〈시간〉 후에 (= 시간 later)**

en une heure: 한 시간에 완료되었음을 의미한다.
pendant une heure 한 시간이라는 기간 동안에 ... 한다/하였다.

 Exercice

A. 보기대로 쓰시오.

1) Je mange à 19 h.
2) Je reviens de vacances au mois d'ao?t.
3) Je prends le déjeuner à midi.
4) Je me lève à 7h.
5) J'habite ici depuis 2002.
6) Je reste ici depuis 30 minutes.

B. 질문에 답하시오.

(자유 답안)

Leçon 39.

- **복합과거 (2): 조동사 ÊTRE 현재시제 + 과거분사**

이 경우에는 과거분사가 주어의 성수에 일치되어야 한다. 이러한 변화를 취하는 동사는 공간 상에서 장소의 이동을 의미하는 동사들이며 문장 구성에 목적어를 요구하지 않는 자동사들이다. 또한 대명동사들도 이에 속한다. 단, 대명동사의 경우 목적어 인칭대명사가 직접목적어인 경우에는 과거분사가 주어의 성수에 일치하지만 간접목적어 인칭대명사가 쓰였을 경우에는 과거분사가 주어의 성수에 일치하지 않는다.
동일한 동사가 자동사적으로 쓰일 수도 있고 타동사적으로 쓰일 수 있다.

예 Elle es montée dans le taxi. (그녀는 택시에 탔다. 자동사)
　　Elle a monté ses valises dans le taxi. (그녀는 택시에 짐들을 올렸다. - 타동사)

 Exercice

A. **Transform the sentence into the passé composé.**

　1) Ils sont allés au marché.
　2) Elle est revenue chez toi?
　3) Elle est retournée chez elle?
　4) Mes amis sont restées chez moi.
　5) Mireille est descendue de l'escalier.
　6) Mes parents sont partis en voyage.
　7) Plusieurs bébés sont nés dans cet hôpital.
　8) Paul et ses amies sont montés dans un taxi.

B. **Answer the question by transforming the noun into a pronoun.**

　1) Oui, nous y sommes rentrés.
　2) Non, elle n'y est pas restée.
　3) Oui, elle en est sortie.
　4) Oui, il y est entré.
　5) Non, ils ne sont pas encore arrivés.
　6) Oui, elles y sont arrivées.

- ≪복합과거의 용법≫

1) 과거의 어느 시점에 완료된 행위를 묘사한다.
2) 과거에 연속적으로 일어난 사건을 묘사한다.
3) 과거의 일정 기간 동안에 일어난 행위를 묘사한다.
4) 과거에 반복적으로 일어난 사건을 묘사한다.

- [과거분사 및 형용사의 일치]

　1. 주어와 일치

1.1) 형용사가 주어와 être동사에 의해 연결되어 있을 때 형용사가 주어의 성수에 일치

1.2) 복합과거에서 조동사 être가 쓰였을 때 과거분사가 주어의 성수에 일치

2. 직접목적어와 일치

2.1) 복합과거 시제에서 직접목적어가 동사 앞에 위치하게 되면 과거분사가 앞에 위치한 직접목적어의 성수에 일치한다.

Quels musées a-t-elle visités hier?의 문장에서 visités인 것은 직접목적어 Quels musées가 동사의 앞에 위치하기 때문이다.

2.2) 대명동사의 경우

인칭대명사 목적어가 직접목적어이면 과거분사가 주어(=직접목적어)의 성수에 일치.

인칭대명사 목적어가 간접목적어이면 과거분사는 변하지 않음. 단 이때에도 다른 직접목적어가 동사 앞에 위치하게 되면 과거분사는 앞에 위치한 직접목적어의 성수에 일치.

 Exercice

A. Transform the phrase into a past tense (passé composé).

1) J'ai été content.
2) Elle a eu une voiture rouge.
3) Nous avons fini notre devoir.
4) Il a lu un roman de Maupassant.
5) Elle est descendue de l'escalier.
6) Ils sont montés dans l'ascenseur.
7) Elle a sorti des cuillers du panier.
8) Ils ont passé trois mois en Espagne.
9) Ils sont venus des États-Unis.
10) Quelle porte a-t-il ouvert?
11) Ils se sont écrit des lettres.
12) Nous nous sommes lavé les mains.
13) Elles se sont regardées dans la glace.
14) Quelle émission de TV as-tu regardée?
15) Marie et Jeanne se sont téléphoné tous les soirs.
16) Pierre et Paul se sont connus depuis longtemps.

B. Transform the underlined part into a pronoun.

1) Maman les a couchés.
2) Jean l'a rencontrée.
3) Elle a voulu l'acheter.
4) Elle n'a pas pu l'acheter.
5) Son père la lui a achetée.
6) Et sa mère lui en a acheté.

C. Rewrite the sentence in the passé composé.

Jeanne est allée au marché. Elle a voulu acheter des pommes ...

Leçon 40.

- 반과거 L'imparfait

반과거 어간: 동사의 복수1인칭 현재 변화에서 어미 -ons를 제거한 어간을 취한다.
반과거 어미: -ais, ais, ait, -ions, -iez, -aient

반과거는 완료되지 않은 과거라는 의미에서 사용된 용어이며, 과거에서의 상황 묘사, 습관적인 행위, 진행중인 행위, 또는 연속적으로 이루어지는 행위를 나타내는데 사용된다.
일반적으로 복합과거는 과거에 일어난 사건을 구술하는데 사용되며 반과거는 과거 속에서의 상황이나 환경을 묘사하는데 사용된다고 구분할 수 있다.
우리말로 비교하면 〈내가 방에 들어갔을 때, 모든 가족들이 텔레비전을 보고 있었다.〉에서 〈내가 방에 들어가는 행위〉는 복합과거로 나타내고 〈모든 가족들이 텔레비전을 보고 있었다〉는 당시의 상황을 묘사하는 것으로 반과거로 나타낸다.
때로는 부사구가 의미하는 바를 통해 복합과거를 쓸 것인지 아니면 반과거를 쓸 것인지 분간할 수 있다. (예. 〈예전에, 때때로, 습관적으로〉 등은 반과거에 적합하며, 갑자기, 어느 날〉 등은 복합과거로 기술하는 것이 적합하다.)

 Exercice

A. 반과거로 문장을 고쳐 쓰시오.

1) Il prenait le métro.
2) Ils descendaient de l'escalier.
3) Tu mettais le ticket dans la boîte.
4) Je lisais un roman de Saint-Exupéry.
5) Vous buviez du vin de Bordeaux.
6) Il y avait de la neige partout.
7) Il faisait froid.
8) J'avais peur de ne pas pouvoir rentrer chez moi.

B. 주어진 표현으로 보기처럼 문장을 만드시오.

1) D'habitude le samedi, j'allais au cinéma.
2) Normalement au diner, nous prenions du vin.
3) Après le repas, il prenait un café expresso.
4) Souvent l'après-midi, Ils allaient nager à la piscine municipale.
5) Le dimanche matin, elle dormait en général jusqu'à sept heures et demie.
6) Le soir, nous faisions une promenade au parc Montsouris

Leçon 41.

- 단순미래 **Le futur simple**

단순미래 어간: 1군동사, 2군동사는 동사 원형, 3군동사는 불규칙하지만 어간에 -r를 있다.
단순미래 어미: -ai, -as, -a, -ons, -ez, -ont

영어에서의 미래 시제에 해당되며, 미래에 일어날 사건 또는 행위를 기술하는데 사용한다.
미래에 일어날 사건을 기술하는데 다양한 시제를 사용해서 나타낼 수 있다.
(1) 현재 시제: Je pars pour la France la semaine prochaine.
    나는 다음 주에 프랑스로 떠난다.
(2) 근접 미래: Je vais finir mon travail dans deux heures.
    나는 2시간 안에 내 일을 끝낸다.
(3) 단순 미래: Elle partira pour Rome dimanche prochain.
    그녀는 다음 일요일에 로마로 떠난다.

 Exercice

A. 단순미래로 고쳐 쓰시오.

1) Nous mangerons dans un restaurant.
2) Elle choisira une jupe courte.
3) Il achètera des chaussures de ski.
4) Tu enverras une carte à ton amie.
5) Nous écrirons à nos parents.
6) Elle fera son travail demain soir.
7) Est-ce que vous irez au Japon?
8) Ils recevront des lettres du directeur.
9) Tu devras tenir ta promesse.
10) Ils tiendront leur promesse.
11) Vous verrez les enfants de Mme Salord.
12) Cet enfant aura quatre ans.
13) Nous irons au bord de la mer.
14) Vous serez surpris des nouvelles.
15) Ils se souviendront de notre village.
16) Vous saurez la réponse de cette question.

Une page de chanson

 Exercice

Le vent fait craquer les branches
La brume vient dans sa robe blanche
....

Leçon 42.

- 감탄문 만드는 방법

1) 문장 앞에 접속사 Que 또는 Comme을 써서 감탄문을 만든다. Qu'est-ce que ...도 가능.
2) 의문형용사 Quel/Quelle/Quels/Quelles + 명사!

 Exercice

A. 감탄문을 만드시오.

1) Qu'elle est jolie! 또는 Comme elle est jolie!
2) Que tu as de la chance! 또는 ...
3) Qu'il fait froid aujourd'hui! 또는 ...
4) Comme il est amoureux de sa fiancée! 또는 ...
5) Comme ils sont courageux! 또는 ...
6) Que vous êtes gentille! 또는 ...

B. 보기대로 쓰시오.

1) Quelle belle couleur!
2) Quelle charmante dame!
3) Quelle chaleur!
4) Quelles tristes nouvelles!
5) Quelle bonne idée!
6) Quels gentils hommes!

Leçon 43.

- 지시대명사

사람 또는 사물을 가리키는 대명사로 (예를 들어 손가락으로) 지적해서 표현할 때 사용한다. 대명사이기 때문에 명사의 성과 수에 따라 그 형태가 달라진다.
거리를 구분하기 위해서 -ci, -là를 붙여서 쓰기도 한다. (celui-ci, celui-là)

Exercice

A. 보기대로 쓰시오.

1) Je regarde ceux du 18ème siècle.
2) Elle achète celles de ce magasin.
3) Ne bouge pas celle de droite.
4) Jean préfère celle de gauche.
5) Il adore celles de C. Dion.
6) Vous cherchez ceux de Paul?

B. 질문에 답하시오(자유 답안).

1) Je choisis celle du côté fenêtre.
2) Je préfère celle-là.
3) Je vais participer à celui-ci.
4) Je participe à ceux-ci.

C. 배운 내용을 활용하여 동료와 간단한 대화 만들기.

 Leçon 44.

- 소유대명사: [정관사 + 소유자]

소유 관계를 나타내는 대명사이며, 소유자와 피소유물의 성과 수에 따라 그 형태가 달라진다.
영어에서는 단수 3인칭에서만 소유자의 성이 구분되는 것과 차이가 있다. 프랑스어에서 단수 3인칭의 경우 소유자의 성은 구분되지 않는다. 예를 들어, le sien(그의 것)은 그 남자(his)의 것일 수도 있고 그 여자(her)의 것일 수도 있다. 이 표현은 단지 소유자가 단수 3인칭이며 피소유물이 남성 명사라는 것을 나타내는 것이다.
소유대명사로 표현하는 요령은 다음과 같다.
ma voiture에서 소유자는 단수 1인칭이며 피소유물은 여성 단수이다.
피소유물 여성 단수를 나타내는 정관사 la를 쓰고 이어서 소유자 단수 1인칭 mienne을 쓴다. 소유자가 여성인 것이 아니라 피소유물이 여성이기 때문에 소유자 표현이 여성형으로 나타내진다.

 Exercice

A. 보기와 같이 빈칸을 채우시오.

1) ton, le mien   2) votre, la mienne   3) ses, les miens   4) leur, la mienne

B. 소유형용사를 이용하여 질문에 답하시오.

1) Oui, ce sont les siens.
2) Non, ce n'est pas la leur.

3) Oui, j'ai fini les miens.
4) Non, je n'ai pas regardé la mienne.
5) Non, ce ne sont pas les nôtres.
6) Oui, c'est la sienne.
7) Oui, ce sont les siens.
8) Non, ce ne sont pas les siennes.
9) Non, ce ne sont pas les vôtres.
10) Oui, ce sont les leurs.

Leçon 45.

• 부사 Les adverbes

부사는 동사, 형용사 또는 문장 전체를 수식하는 역할을 한다.
어떤 부사는 형용사에서 파생된 것들이 있다.
형용사에서 부사를 만드는 방법
1) 형용사의 여성형에 어미 -ment를 붙인다.
2) 형용사가 -e로 끝나는 경우에는 그대로 -ment를 붙인다.
3) 형용사가 -ant 또는 -ent로 끝나는 경우에는 -amment 또는 -emment를 붙인다.
4) 모음으로 끝나는 형용사에는 그대로 -ment를 붙인다.
5) 기타 예외적인 것들도 있다.

• 부사구

부사구는 일반적으로 〈전치사 + 명사〉로 이루어지며, 부사와 같은 역할을 한다.

물론 명사 중에서 어미가 -ment로 끝나는 단어들이 많이 있다. 부사와 명사는 문장 안에서 하는 역할이 무엇이냐에 의해 구분된다. 명사는 관사 또는 이에 해당하는 단어
( 형용사)를 동반하며, 부사는 변하지 않는 단어로서 동사나 문장 전체를 수식하는 단어이다.

때로는 부사의 위치에 따라서 의미가 달라지는 경우가 있다.
(1) Heureusement il n'est pas mort. 다행히 그는 죽지 않았다. (그는 살아있음)
(2) Il n'est pas mort heureusement. 그는 행복하게 죽지 않았다. (그는 죽었음)

Exercice
A. 주어진 단어의 부사형을 쓰시오.

1) follement
2) principalement
3) premièrement
4) constamment
5) fréquemment
6) absolument
7) vraiment
8) récemment
9) précisément
10) franchement
11) passivement
12) sèchement
13) régulièrement
14) longuement

B. 밑줄친 부분을 부사로 고쳐 다시 쓰시오. 부사의 위치에 주의하시오.

1) Marjolaine a joyeusement souri.
2) On a paisiblement conclu un accord.
3) Elle a doucement prononcé les mots.
4) Tout le monde est hâtivement sorti de la salle.
5) Pierre a rapidement conduit la voiture.
6) Paul a amicalement envoyé une lettre à Jeanne.

Leçon 46.

- **변화형 의문대명사 Les pronoms interrogatifs variables**

정관사 + 의문형용사 형태로 되어 있다.
대명사이기 때문에 해당 명사의 성과 수에 따라 정관사와 의문형용사의 형태가 달라진다.
의문형용사의 형태가 달라지기 때문에 변화형 의문대명사라고 부른다.
여러 가지 선택의 여지가 있는 것 중에서 어느 것을 지정해서 물을 때 사용한다.

- **변화형 관계대명사 Les pronoms relatifs variables**

변화형 의문대명사와 동일한 형태이나 문장 안에서 하는 역할이 관계대명사로 쓰이는 것이다. 변화형 관계대명사를 이용하여 선행사가 여럿일 때에 구체적으로 구분해서 묘사할 수 있다.
예를 들어,
〈le frère de Mireille qui habite à Dijon〉에서 관계대명사 qui의 선행사가 le frère일 수도 있고 또한 Mireille일 수도 있다. 이런 경우에 변화형 관계대명사를 써서 구분하면 선행사가 어느 것인지 드러나게 된다.
또한 변화형 관계대명사는 전치사를 동반할 수 있는데 이 때에 전치사 à 또는 de와 연결되면 축약이 이루어진다.
〈le jardin dans lequel je me promène〉은 〈le jardin où je me promène〉으로 표현할 수도 있다. 이 때 où는 장소를 나타내는 관계부사에 해당된다.

 Exercice

A. 〈lequel, laquelle, lesquels, lesquelles〉 중에서 골라 넣으시오.

1) Lequel   2) Laquelle   3) lequel   4) lesquelles   5) lequel
6) Lesquels   7) lesquels   8) lesquels   9) laquelle   10) lequel

B. 관계대명사를 써서 하나의 문장으로 만드시오.

1) Il y a un problème auquel je pense souvent.
2) Il y a une réunion à laquelle je vais participer.
3) Il y a une pharmacie près de laquelle elle travaille.
4) Voilà un sac dans lequel Sophie garde beaucoup de choses.
5) On va organiser une société à laquelle Jean veut appartenir.

6) Monsieur Cho donne des cours auxquels je m'intéresse beaucoup.
7) Il me dit la raison pour laquelle il a refusé mon invitation.
8) Elle achète des stylos avec lesquels elle va écrire un roman.
9) Le musée vers lequel il se dirige se trouve en banlieue.
10) La salle dans laquelle nous travaillons est calme.

Leçon 47.

- **의문형용사**

의문형용사는 사람에 대해 묻는 것인지 또는 사물에 대해 묻는 것인지, 그리고 의문사가 주어인지 목적어인지, 또는 전치사 뒤에 오는지에 따라 그 형태가 달라진다.

à quoi penses-tu? 무엇을 생각하니? (quoi는 의문사 que의 강세형으로 전치사 뒤에 놓일 때, 또는 독립적인 표현으로 쓰일 때, c'est ... 뒤에서 사용된다.)
à qui penses-tu? 누구를 생각하니?

 Exercice

A. 보기대로 하시오.

1) Qu'est-ce qu'ils boivent?
2) Qui est-ce qui préfèrent la bière au vin?
3) Qui est-ce qu'elle n'aime pas?
4) Qu'est-ce qu'il n'aime pas?
5) Qu'est-ce qui sont en bois?
6) Qu'est-ce qu'elle cherche?
7) à quoi est-ce qu'ils veulent participer?
8) à qui téléphone-t-il?

B. ⟨qui, que, quoi⟩ 중에서 맞는 것으로 문장을 완성하시오.

1) Que   2) Qui   3) Qui   4) Qui   5) Que
6) qui   7) quoi   8) qui   9) quoi   10) qui

Leçon 48.

- **강조 표현 C'est ... que / qui**

C'est ... qui는 문장의 주어를 강조하기 위해 쓰이는 표현이며, 문장의 기타 요소를 강조하는 것은 C'est ... que이다. ⟨C'est une carte que Mireille a envoyée à Daniel hier.⟩에서 과거분사 ⟨envoyée⟩에 여성형 어미 e가 있는 것은 복합과거 시제에서 직접목적어인 une carte가 동사 앞에 위치하기 때문이다.

Exercice

A. 밑줄친 부분을 강조하시오.

1) C'est le Jardin du Luxembourg que nous cherchons.
2) C'est vers la Tour Eiffel que nous nous dirigeons.
3) C'est moi qui veux prendre le bateau à voiles.
5) Ce sont les gâteaux que Jacques a achetés pour moi.
6) Ce sont eux qui ont franchi les Alpes.
7) C'est à moi qu'elle a téléphoné hier soir.
8) C'est à eux que je donne de l'argent.

B. 보기대로 고쳐 쓰시오.

1) Non, ce n'est pas moi qui suis le plus grand.
3) Oui, c'est moi qui vais te répondre.
2) Oui, c'est elle qui est arrivée le premier.
4) Oui, ce sont eux qui ont cassé les fenêtres.
5) Non, ce n'est pas nous qui font ce bruit.
6) Non, ce n'est pas mes parents qui ont acheté cet ordinateur.

 Leçon 49.

- 관계대명사 (1) **qui, que**

관계대명사는 두 개 또는 그 이상의 문장들 중에서 중복되는 명사를 연결해주는 단어이다.
qui는 선행사가 사물이거나 또는 사람이거나 상관없이 주어로 사용되는 관계사이다. que는 직접목적어 역할을 하는 관계사이다.

주어 인칭대명사 Je가 C'est ... 다음에 놓이면 강세형을 취한다.
  J'ai fait ce travail.
  → C'est moi qui ai fait ce travail.

- [간접의문] **Ce qui ... Ce que ...**

Je cherche ce qui me plaît. =
   Je cherche quelque chose. + Qu'est-ce qui te plaît?
Je comprends bien ce que tu dis.
   Je comprends bien. + Qu'est-ce que tu dis?

⟨ce qui⟩는 직접의문의 ⟨qu'est-ce qui⟩를 간접의문문으로 만드는데 사용되며, ⟨ce que⟩는 직접의문문의 ⟨qu'est-ce que⟩를 간접의문문으로 만드는데 사용된다.

- **의문대명사 (2) où, dont**

의문대명사 où는 선행사가 시간 또는 장소를 나타내는 표현이며, don't는 전치사 de를 포함하고 있는 의문대명사이다.

 Exercice

A. 관계사를 이용하여 하나의 문장으로 쓰시오.

1) J'attends le bus qui passe devant chez moi.
2) Cet enfant que nous cherchons est très aimable.
3) Il traverse le pont que Jean a dessiné.
4) Il bavarde avec Madame Martin que Pierre a saluée.
5) Jean qui travaille dans une banque se promène avec ses amis.
6) Je n'aime pas le bruit que les enfants font.
7) Je suis en train de lire une lettre que Rousseau a écrite.
8) Regardez les vêtements que j'ai achetés aux Champs-élysées.
9) Ces amis avec qui tu parles sont italiens?
10) Voilà ma famille pour qui je travaille.
11) Je rentre dans mon village où je suis né.
12) Le jour où il est néétait au mois de février.
13) Regarde cette voiture dont je rêve.
14) Il est arrivé un accident dont je suis responsible.
15) Où se trouve le cinéma dont nous avons parlé?
16) Je n'aime pas la manière dont elle parle.

 Leçon 50.

- **제롱디프 Le gérondif**

제롱디프는 우리말로 옮기면 동명사구문이 될 것이다. 형태는 전치사 en + 동사의 현재분사이다.
동사의 현재분사 만드는 방법: 동사의 복수 1인칭 현재변화에서 어미 -ons를 없애고 어간을 취한다. 이 어간에 어미 -ant를 붙이면 현재분사가 된다.

- **제롱디프의 용법**

1) 동시성을 표현하는데 사용된다. 두 개의 행위가 동시에 벌어질 때 하나의 행위를 제롱디프로 쓴다.
2) 원인의 행위를 나타내는데 사용한다.
3) 연속된 사건을 묘사하는데 사용한다.

Exercice

A. 주어진 동사의 현재분사형을 쓰시오.

1) allant   2) venant   3) réunissant   4) mettant   5) voulant
6) devant   7) avançant   8) disant   9) jetant   10) conduisant
11) buvant   12) tenant   13) partant   14) courant   15) étant
16) ayant

B. 제롱디프를 이용하여 문장을 고쳐쓰시오.

1) Pierre parle beaucoup en jouant du piano.
2) Nous chantons en marchant.
3) En cherchant, vous trouverez.
4) En travaillant trop, tu vas tomber malade.
5) En apprenant le français, vous trouverez un poste.
6) En continuant de fumer, tu ne vivras pas longtemps.
7) En conduisant doucement. Il n'a pas eu d'accident.
8) En buvant trop, Jean est hospitalisé.
9) En partant très tôt, Sophie est arrivée en avance.
10) En arrivant en retard, mes amis nous ont dit pardon.

≪부사의 위치에 주의!≫
Il boit trop. 그는 너무 많이 마신다.
Il a trop bu. 그는 너무 많이 마셨다.
현재시제에서는 본동사의 뒤에 놓이나 복합과거 시제에서는 조동사의 뒤에 본동사의 앞에 위치한다.

 Leçon 51.

- 대과거 **Le plus-que-parfait**

조동사(AVOIR/êTRE) 반과거 + 동사의 과거분사
대과거는 과거 속의 과거라고 하듯이 과거의 일정 시점을 중심으로 해서 그 이전에 벌어진 사건 또는 행위를 묘사하는데 사용된다. 이것을 영어에서는 과거 완료 시제로 나타낸다.
다음 표현을 비교해 보자.

(1) Il me dit qu'il a fini son travail.
    = Il me dit: ≪J'ai fini mon travail.≫
(2) Il m'a dit qu'il avait fini son travail.
    = Il m'a dit: ≪J'ai fini mon travail.≫

(1)이나 (2)에서 종속절에 있는 ≪J'ai fini mon travail.≫는 변함없지만 주절을 나타내는 시제가 (1)에서는 현재 시제, (2)에서는 과거 시제로 되어 있다. (2)에서는 종속절의 내용이 과거 속의 과거에 속하는 행위이다. 이것을 간접화법으로 나타내면 대과거로 나타내진다.

 Exercice

A. Imitate the model.

1) Oui, quand j'ai fini mon devoir, ma mère avait déjà préparé le dîner.
2) Oui, quand mon mari est rentré, je m'étais déjà endormie.
3) Oui, quand le cours a commencé, j'avais déjà eu le livre.
4) Oui, quand la cloche a sonné, les gens s'étaient déjà levés.
5) Oui, quand tu m'as téléphoné, j'avais déjà fini mes devoirs.
6) Oui, quand je t'ai écrit cette lettre, j'avais déjà passé l'examen.

B. Transform the expressions into one sentence.

1) Jeanne a dit qu'elle avait été très contente.
2) Paul a dit qu'il avait plu la semaine d'avant.
3) Jean a dit que Jeanne avait rencontré Sylvie.
4) Pierre dit à Jeanne qu'il lui avait téléphoné la veille.
5) Michel a répondu à Pierre qu'il n'avait été à la maison.
6) Mes parents ont dit qu'ils étaient rentrés à 18 heures.
7) Ils ont répondu qu'ils avaient fait un bon voyage.

Leçon 52.

- 조건법 Le conditionnel

조건법 어간: 단순미래의 어간과 동일
조건법 어미: -ais, -ais, -ait, -ions, -iez, -aient (반과거 어미와 동일)

1) 조건법은 완곡한 표현을 위해서 또는 현재 사실을 가정하는 문장에서 주절 동사에 쓰인다.
   현재 사실을 가정하는 문장 구성: Si + 반과거, 주절은 조건법.
   J'irais avec vous, si je pouvais jouer au golf. (내가 골프칠 줄 안다면 당신과 같이 갈텐데.) = Je ne vais pas avec vous, parce que je peux pas jouer au golf. (나는 골프칠 줄 모르기 때문에 당신과 같이 않는다.)

과거 사실을 가정하는 표현도 가능하다. 과거의 조건은 〈Si + 대과거, 조건법 과거〉로 나타낸다.
Je serais allé avec vous, si j'avais pu jouer au golf. (내가 만약 골프칠 줄 알더라면, 당신가 갔을텐데.) (= Je ne suis pas allé avec vous, parce que je ne pouvais pas jouer au golf.)

2) 과거 속의 어느 시점을 중심으로 이후에 벌어질 사건을 묘사하는데 사용된다.
조건법은 과거 속의 미래라고 부를 수 있다.

만약 가정하는 사건이 현실화될 수 있는 일이라면 직설법 시제를 사용한다.
Si j'ai le temps, j'irai vous voir cet après-midi. (내가 만약 시간이 되면 오늘 오후에 당신을 보러 가겠습니다.)

- 간접 화법 **Le discours indirect**

의문사가 없는 의문문은 접속사 si로 연결한다.
Jean m'a demandé: ≪Est-ce que tu vas en France?≫
→ Jean m'a demandé si j'allais en France.
간접화법에 대해서는 49과 〈해설 부분〉 참조하세요.

 Exercice

A. 조건법으로 동사를 변화시키시오.

1) pourrait 2) voudrions 3) devrais 4) aimerais 5) prendraient
6) mettriez 7) ferais 8) saurais 9) irions 10) se lèveraient

B. 보기대로 쓰시오.

1) Si nous avions une voiture, nous irions chez vous.
2) Si elle était riche, elle resterait dans un hôtel.
3) S'il parlait français, il trouverait un emploi.
4) S'ils étaient français, ils comprendraient la radio.
5) Si tu avais le ticket, tu prendrais cet avion.

C. 표현을 하나의 문장으로 고쳐 쓰시오.

1) Elle m'a dit que qu'elle jouerait avec mes enfants.
2) Il a dit à ses parents qu'ils pourraient partir le lendemain.
3) Il m'a demandé si je pourrais l'aider.

 Leçon 53.

- 수동태 문장

수동태 문장 만드는 방법
1) 능동문의 직접 목적어가 수동태 문장의 주어가 된다.
2) 동사는 조동사 ÊTRE + 과거분사 형태로 바뀐다. 시제는 조동사에 의해서 나타내지며, 과거분사는 주어의 성수에 일치한다. 이때의 주어는 수동문 주어이다.
3) 능동문의 주어는 행위주로써 전치사 par에 의해 유도된다. 다만 정신적인 상태나 지속적인 상황을 나타내는 동사의 경우에는 전치사 de에 의해 동작주를 나타낸다.

Le jardin est entouré par la police. 정원이 경찰에 의해 포위되었다. (=경찰이 정원을 둘러쌌다.)
Le jardin est entouré des poteaux. 정원이 기둥으로 둘려 싸여 있다. (=정원 주위에 기둥들이 서있다.)

4) 능동태의 주어가 On일 경우에는 동작주를 나타내지 않는다. 왜냐하면 On은 주어로만 사용되는 대명사이기 때문이다. 전치사 뒤나 또는 목적어로 쓰이지 않는다.
On avait ouvert la porte. (누군가 문을 열었다.)
→ La porte avait été ouverte. (문이 열렸다.)

5) 영어에서는 간접목적어로 수동문의 주어로 쓰는 경우가 있으나 프랑스어에서는 직접목적어만이 수동문의 주어가 될 수 있다.

Un cambrioleur les a agressées.
→ Elles ont été agressées par un cambrioleur.
주어가 여성 복수라는 것은 과거분사 〈agressées〉에 의해 나타난다. 여성 복수임을 나타내는 어미들이 첨가 되어 있다. 이것은 직접목적어 les가 여성 복수임을 의미한다.

Exercice

A. 수동문으로 고쳐 쓰시오.

1) Le château de Versailles a été construit par Louis XIV.
2) Des mesures sévères ont été prises par le gouvernement.
3) Plusieurs machines ont été inventées par Thomas Edison.
4) L'Amérique a été découverte par Christophe Colomb.
5) La Bastille a été démolie par les manifestants.
6) Le Petit Prince a été écrit par Saint-Exupéry.
7) La porte sera doucement fermée par Sylvie.
8) Les fenêtres seront ouvertes par Jeanne.
9) J'ai été appelé par le professeur.
10) L'ONU a été créée en 1945.
11) Sylvie a été mordue par un chien.
12) Une loi a été votée par les députés.
13) Sophie Marceau est aimée de tout le monde.
14) Professeur Cho est respecté des étudiants.
15) Toutes les maisons du quartier ont été incendiées.
16) Un projet surprenant va être annoncé par le Président.

Leçon 54.

• 접속법 Le subjonctif

접속법 어간: 복수3인칭 어미 변화에서 어미 -ent를 삭제하고 어간을 취한다.
접속법 어미: -e, -es, -e, -ions, -iez, -ent
어간을 특수한 형태로 취하는 일부 동사들이 있다. être, avoir, faire, aller, etc.

• 용법

1) 소망이나 기원 또는 명령을 나타내는 동사 뒤에 오는 종속절에서 사용한다.
   - 흔하게 접속법 표현을 볼 수 있는 표현이 Il faut que ... 의 표현이다.
2) 의혹이나 의구심을 나타내는 동사에 이어서 오는 종속절에서 사용한다.
   이때 종속절에서는 허사의 NE가 쓰이는 경우가 있다. 허사의 NE는 부정을 나타내는 것이 아니라 접속법으로 쓰인 종속절 속에서 나타난다. 이것은 필연적으로 쓰여야만 하는 것은 아니다. 허사의 NE가 쓰이지 않아도 의미를 전달하는데는 문제가 없다.
   - 직설법 시제는 객관적인 사건 묘사에 쓰이는 것이라면 접속법은 화자의 주관적인 태도가 덧붙은 표현이라고 할 수 있다.
3) 감정을 나타내는 동사 뒤에 이어서 오는 종속절에서 사용한다.
4) 어떤 접속사 뒤에서 쓰인다. pour que ..., afin que..., pourvu que ..., etc.
5) 접속법 현재와 과거가 있으나 접속법 과거는 소설 등에서 일부 쓰이며 일상에서는 별로 쓰이지 않는다.

 Exercice

A. 보기대로 고쳐 쓰시오.

1) Il faut que tu lises les textes français.
2) Il faut qu'ils fassent les exercices.
3) Il faut qu'elle écrive un article en français.
4) Il faut que nous écoutions la radio France.
5) Il faut que vous appreniez bien le français.
6) Il faut que j'aille voir le professeur de français.
7) Il faut que tu saches conjuguer les verbes de français.
8) Il faut que vous mettiez du temps pour parler français.
9) Il faut qu'ils aient de la patience pour arriver au but.
10) Il faut que nous prenions rendez-vous avec des professeurs.

B. 직설법, 접속법 중에서 올바른 것을 골라 변화시키시오.

1) est
2) fasse
3) a
4) se guérit/se guérira
5) prenne
6) revienne

주요 불규칙동사 변화표

avoir	
j'	ai
tu	as
il	a
nous	avons
vous	avez
ils	ont
과거분사	eu
단순미래어간	aur-

être	
je	suis
tu	es
il	est
nous	sommes
vous	êtes
ils	sont
과거분사	été
단순미래어간	ser-

aller	
je	vais
tu	vas
il	va
nous	allons
vous	allez
ils	vont
과거분사	allé
단순미래어간	ir-

venir	
je	viens
tu	viens
il	vient
nous	venons
vous	venez
ils	viennent
과거분사	venu
단순미래어간	viendr-

faire	
je	fais
tu	fais
il	fait
nous	faisons
vous	faites
ils	font
과거분사	fait
단순미래어간	fer-

avoir	
je	suis
tu	es
il	est
nous	sommes
vous	êtes
ils	sont
과거분사	été
단순미래어간	ser-

prendre	
je	prends
tu	prends
il	prend
nous	prenons
vous	prenez
ils	prennent
과거분사	pris
단순미래어간	prendr-

mettre	
je	mets
tu	mets
il	met
nous	mettons
vous	mettez
ils	mettent
과거분사	mis
단순미래어간	mettr-

tenir	
je	tiens
tu	tiens
il	tient
nous	tenons
vous	tenez
ils	tiennent
과거분사	tenu
단순미래어간	tiendr-

sentir	
je	sens
tu	sens
il	sent
nous	sentons
vous	sentez
ils	sentent
과거분사	senti
단순미래어간	sentir-

vouloir	
je	veux
tu	veux
il	veut
nous	voulons
vous	voulez
ils	veulent
과거분사	voulu
단순미래어간	voudr-

pouvoir	
je	peux
tu	peux
il	peut
nous	pouvons
vous	pouvez
ils	peuvent
과거분사	pu
단순미래어간	pourr-

devoir	
je	dois
tu	dois
il	doit
nous	devons
vous	devez
ils	doivent
과거분사	dû
단순미래어간	devr-

savoir	
je	sais
tu	sais
il	sait
nous	savons
vous	savez
ils	savent
과거분사	su
단순미래어간	saur-

connaître	
je	connais
tu	connais
il	connaît
nous	connaissons
vous	connaissez
ils	connaissent
과거분사	connu
단순미래어간	connaîtr-

écrire	
j'	écris
tu	écris
il	écrit
nous	écrivons
vous	écrivez
ils	écrivent
과거분사	écrit
단순미래어간	écrir-

voir	
je	vois
tu	vois
il	voit
nous	voyons
vous	voyez
ils	voient
과거분사	vu
단순미래어간	verr-

recevoir	
je	reçois
tu	reçois
il	reçoit
nous	recevons
vous	recevez
ils	reçoivent
과거분사	reçu
단순미래어간	recevr-

courir	
je	cours
tu	cours
il	court
nous	courons
vous	courez
ils	courent
과거분사	couru
단순미래어간	courr-

dormir	
je	dors
tu	dors
il	dort
nous	dormons
vous	dormez
ils	dorment
과거분사	dormi
단순미래어간	dormir-

croire	
je	crois
tu	crois
il	croit
nous	croyons
vous	croyez
ils	croient
과거분사	cru
단순미래어간	croir-

boire	
je	bois
tu	bois
il	boit
nous	buvons
vous	buvez
ils	boivent
과거분사	bu
단순미래어간	boir-

lire	
je	lis
tu	lis
il	lit
nous	lisons
vous	lisez
ils	lisent
과거분사	lu
단순미래어간	lir-

ouvrir	
j'	ouvre
tu	ouvres
il	ouvre
nous	ouvrons
vous	ouvrez
ils	ouvrent
과거분사	ouvert
단순미래어간	ouvrir-

s'asseoir[1]	
je	m'assieds
tu	t'assieds
il	s'assied
nous	nous asseyons
vous	vous asseyez
ils	s'asseyent
과거분사	assis
단순미래어간	assiér-

s'asseoir[2]	
je	m'assois
tu	t'assois
il	s'assoit
nous	nous assoyons
vous	vous assoyez
ils	s'assoient
과거분사	assis
단순미래어간	assoir-

1군동사 변칙형

acheter	
j'	achète
tu	achètes
il	achète
nous	achetons
vous	achetez
ils	achètent
과거분사	acheté
단순미래어간	achèter

appeler	
j'	appelle
tu	appelles
il	appelle
nous	appelons
vous	appelez
ils	appellent
과거분사	appelé
단순미래어간	appeller-

commencer	
je	commence
tu	commences
il	commence
nous	commençons
vous	commencez
ils	commencent
과거분사	commencé
단순미래어간	commencer-

envoyer	
j'	envoie
tu	envoies
il	envoie
nous	envoyons
vous	envoyez
ils	envoient
과거분사	envoyé
단순미래어간	enverr-

payer	
je	paie/paye
tu	paies/payes
il	paie/paye
nous	payons
vous	payez
ils	paient/payent
과거분사	payé
단순미래어간	paier-/payer-

répéter	
je	répète
tu	répètes
il	répète
nous	répétons
vous	répétez
ils	répètent
과거분사	répété
단순미래어간	répéter-